A moral secreta do economista

FUNDAÇÃO EDITORA DA UNESP

Presidente do Conselho Curador
Antonio Manoel dos Santos Silva

Diretor-Presidente
José Castilho Marques Neto

Assessor-Editoral
Jézio Hernani Bomfim Gutierre

Conselho Editorial Acadêmico
Antonio Celso Wagner Zanin
Antonio de Pádua Pithon Cyrino
Benedito Antunes
Carlos Erivany Fantinati
Isabel Maria F. R. Loureiro
Lígia M. Vettorato Trevisan
Maria Sueli Parreira de Arruda
Raul Borges Guimarães
Roberto Kraenkel
Rosa Maria Feiteiro Cavalari

Editora-Executiva
Christine Röhrig

Albert O. Hirschman

A moral secreta do economista

Tradução de
Carlo Alberto Fernando Nicola Dastoli

Copyright © 1994 by Donzelli Editore, Roma
Título original em italiano: *Passagi di frontiera.*
I luoghi e le idee di un percorso di vita

Copyright © 1997 da tradução brasileira:
Fundação Editora da UNESP (FEU)

Praça da Sé, 108
01001-900 – São Paulo – SP
Tel./Fax: (0xx11) 232-7171
Fax: (0xx11) 232-7172
Home page: www.editora.unesp.br
E-mail: editora@editora.unesp.br

Dados Internacionais de Catalogação na Fonte (CIP)
(Câmara Brasileira do Livro, SP, Brasil)

Hirschman, Albert O., 1915–
   A moral secreta do economista / Albert O. Hirschman; tradução de Carlo Alberto Fernando Nicola Dastoli. – São Paulo: Editora UNESP, 2000.

   Título original: Passagi di frontiera.
   Bibliografia.
   ISBN 85-7139-203-X

   1. Ciências sociais   2. Hirschman, Albert O., 1915 – Entrevistas   3. História moderna – Século 20   I. Título.   II. Série.

00-5116   CDD–300.92

Índices para catálogo sistemático:
1. Cientistas sociais: Entrevistas: Biografia e obra   300.92
2. Entrevistas: Cientistas sociais: Biografia e obra   300.92

Editora afiliada:

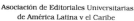

Asociación de Editoriales Universitarias
de América Latina y el Caribe

Associação Brasileira de
Editoras Universitárias

Sumário

Nota da edição italiana   *7*
1 Os anos europeus   *11*
2 Os anos americanos   *45*
3 Palavras-chave   *69*
4 Bibliografia   *97*

Nota da edição italiana

O que mais impressiona na história de Albert Hirschman é a aventura, o suceder-se tenso e incessante de experiências de vida, impelidas ou solicitadas, a cada vez, pelas situações objetivas ou pelas escolhas individuais, mas sempre vividas com uma inexaurível carga de entusiasmo.

Alemão berlinense, de família judia, adolescente no momento da ascensão de Hitler ao poder, socialista mas adversário feroz do comunismo stalinista, jovem estudante de economia em condições de projetar o próprio percurso de estudos universitários, primeiro na França, depois na Inglaterra e, em seguida, na Itália, amigo e colaborador de figuras centrais do antifascismo italiano, como Eugenio Colorni e Emilio Sereni, chamado por uma necessidade de coerência política e intelectual à milícia antifascista, vivida primeiro na Juventude Socialista Alemã, depois na guerra da Espanha e, mais tarde, nas atividades clandestinas, ajudando a expatriar os perseguidos políticos da França ocupada pelos alemães.

E, uma vez descoberto, e obrigado a partir para a América, voluntário de guerra americano primeiro na África e depois na Itália, participou do fim da guerra e da derrota dos fascistas e alemães. Ainda, após a vitória aliada e o surgimento, na Itália, dos governos da reconstrução, foi protagonista ativo, de Washington e de Roma, do Plano Marshall.

Entre os anos 50 e 60, uma nova e radical reviravolta na sua vida faz dele um economista do desenvolvimento, empenhado na primeira linha dos projetos de reforma econômica de alguns países da América Latina, da Colômbia ao Chile. E mesmo quando, na metade dos anos 60, delineia-se um tranqüilo porto de chegada na carreira universitária nos Estados Unidos, é um suceder-se prestigioso e acelerado de encargos, de Yale à Columbia University, de Harvard ao Institute for Advanced Study de Princeton, onde ainda, com quase oitenta anos, trabalha ativamente em projetos de trabalho sempre novos.

Na base de tudo, um mecanismo de contínua rediscussão de si mesmo, uma vontade de "auto-subversão" – como ele mesmo a define, com sutil ironia – que se harmoniza plenamente com a tendência em explicar e interpretar os fatos sociais não segundo abstratas e genéricas teorias que tudo explicam, mas de acordo com a complexa e inextinguível especificidade daqueles.

É um modelo de prática das ciências sociais verdadeiramente especial o de Hirschman, pouco propenso à teoria "pura", se a entendermos como um abstrato exercício da previsão, mas voltado, ao contrário, para a busca de um alcance efetivo da ação sobre o campo, de um eficaz êxito prático do trabalho científico: "Não é o meu objetivo fazer previsões de tendências. Em vez disso, dedico-me a procurar entender o que pode acontecer e atrair o interesse das pessoas. Talvez disso derive o meu ativismo, talvez nisso seja ainda um militante: estou interessado na constelação de fatos e de situações necessários para que coisas boas possam ocorrer".

O caráter aventureiro da sua experiência de vida se reflete, com efeito, totalmente, no ziguezaguear dos percursos da sua pesquisa, que respeitam muito pouco os tradicionais alicerces disciplinares. A economia se mescla com a sociologia e esta, por sua vez, com a ciência política e com a história, em uma sucessão contínua de transgressões conceituais, de invasão e de "cruzamentos de fronteiras" que, sendo intelectuais, não se distanciam muito, todavia, do espírito daquelas efetivamente realizadas entre a França e a Espanha durante a guerra.

É essa correlação entre história de vida e trajetória de pesquisa que nos pareceu exemplar nos acontecimentos intelectuais deste nosso século. As idéias de Hirschman estão magnificamente contidas nos seus ensaios e nos seus livros. Não se pretende oferecer aqui um cômodo substituto delas. Ao contrário: por meio da entrevista aqui recolhida e transcrita, o leitor se dará conta ainda mais de quão difícil e penosa, porém também divertida, é a busca da coerência em tal personagem. Nada seria mais tedioso e impróprio do que interpretar Hirschman segundo uma rigorosa ortodoxia hirschmaniana que, felizmente, não existe. Nele, a auto-subversão é propriamente uma marca de vida. Longa vida a Albert Hirschman!

Roma, agosto de 1994.

A entrevista aqui publicada foi realizada no escritório de Albert Hirschman, junto ao Institute for Advanced Study de Princeton, nos dias 20 e 21 de outubro de 1993.

As perguntas foram feitas indistintamente por três entrevistadores, Carmine Donzelli, Marta Petrusewicz e Claudia Rusconi, segundo uma seqüência apenas minimamente combinada. Em diversos casos, preferiu-se seguir o curso – bastante incerto – dos raciocínios que a própria entrevista sugeria. O trabalho de transcrição, organizado em particular por Claudia Rusconi, apresentou enormes dificuldades, dado o caráter "plurilíngüe" da entrevista, que se desenrolou parte em inglês, parte em italiano, e freqüentemente se recorreu também ao espanhol e ao francês. Depois de transcrito o texto, foram feitas revisões pelos entrevistadores e pelo entrevistado.

O editor dirige um agradecimento especial a todos aqueles que participaram desta entrevista coletiva, em particular a Albert Hirschman, que, superadas suas relutâncias iniciais, submeteu-se com paciência, simpatia e senso de cooperação verdadeiramente admiráveis ao *tour de force* daqueles dois dias de trabalho.

1 Os anos europeus

Professor Hirschman, comecemos pelo início: conte-nos alguma coisa sobre suas origens.

Venho de uma família berlinense de classe média, de origem judaica, mas que não seguia os preceitos da religião judaica. Tanto eu como minhas irmãs fomos batizados na religião protestante. Naquele tempo – nasci em 1915, durante a guerra –, ser batizado era uma coisa muito comum entre os judeus emancipados, mas acho importante acrescentar que não havia entre nós nenhuma tensão religiosa. Em certo período da minha vida, estive próximo de alguma forma primitiva de cristianismo. Foi quando li Tolstoi. Mas nunca freqüentei a igreja protestante, tampouco fui crismado. Estudei no Französische Gymnasium de Berlim – uma ótima escola – nove anos da minha vida, até a maturidade. A escola tinha sido fundada na Prússia, há trezentos anos, pelos huguenotes, que tinham se refugiado ali, vindos da França. Depois, tornou-se uma escola pública. Ali eu recebi uma boa instrução, sobretudo de francês, mas também de línguas clássicas, como o grego e o latim. O inglês, ao contrário, não fazia parte do currículo.

12 Albert O. Hirschman

Qual era o trabalho de seu pai?

Ele era cirurgião, especializado em neurocirurgia. Era uma pessoa muito dedicada ao trabalho. Morreu de morte natural em março de 1933, pouco depois da ascensão de Hitler ao poder. Devo dizer que foi a coincidência da sua morte com o início das perseguições antidemocráticas e antijudaicas que me fez decidir deixar a Alemanha e ir para a França. Minha mãe, ao contrário, permaneceu na Alemanha. Escolhi a França principalmente porque falava a língua muito bem. Em certo sentido, aquele país era parte da minha educação.

A família de meu pai provinha da Alemanha Oriental e tinha emigrado para os Estados Unidos, mas ele voltou para a Alemanha para estudar e lá permaneceu. Antes da minha chegada à América, eu nunca havia conhecido nenhum membro da família dele. Somente depois de estar na América encontrei um membro da família de meu pai, com quem entrei em contato.

Os parentes de seu pai tinham emigrado da Alemanha para fugir do anti-semitismo?

Diria que sim. Eles provinham da parte mais oriental da Alemanha. Meu pai, aliás, tinha nascido na região de Poznan, ou seja, naquela parte da Alemanha que depois foi cedida à Polônia.

E sua mãe?

Minha mãe provinha de uma família muito numerosa, uma grande tribo. Ela tinha muitos irmãos e primos de primeiro grau. Antes de se casar com meu pai, ela já havia sido casada. Seu primeiro marido também se chamava

Hirschmann. Minha mãe também tinha estudado história da arte e história – as coisas que naquele tempo uma mulher podia estudar – e havia morado sozinha em Estrasburgo e em Munique. Em suma, fazia parte de um *milieu* emancipado. Depois voltou para Berlim, onde se casou com meu pai. Entre os colegas de estudo e de trabalho de meu pai não havia apenas judeus. Lembro-me de que um dos seus amigos mais íntimos era latino-americano.

Qual era o clima em sua casa? Que tipos de pessoas freqüentavam-na?

Os amigos de meus pais na maioria eram médicos e advogados. Existiam também alguns *marchands*, entre eles Thannhauser, proprietário de uma famosa galeria.

Vivíamos em um belo apartamento de um palacete de três andares, em uma encantadora região de Berlim, Alte Westen, ligada ao Tiergarten [Jardim Zoológico]. Não tínhamos jardim, mas ao lado de nossa casa havia a embaixada grega, onde existia um pátio no qual freqüentemente jogávamos bola. A casa em si era muito sóbria. Faltavam muitas comodidades: tínhamos de aquecê-la com carvão, não havia água corrente, lavávamo-nos em bacias. Quando cheguei a Paris, tudo me pareceu mais moderno. De todo modo, levávamos a vida de uma família de classe média. No verão, nas férias, íamos sempre primeiro para Heringsdorf, um lugar de veraneio no mar Báltico, depois para o mar do Norte e às vezes também para a Suíça e a Áustria, algumas vezes nas Dolomitas.

E as suas duas irmãs?

A primeira, Úrsula, era um pouco mais velha do que eu. Foi uma pessoa com quem compartilhei algumas das coisas mais importantes da minha vida, a começar pela transferência para Paris. Desde 1935, Úrsula viveu praticamente apenas na Itália, primeiro ao lado de Eugenio Colorni e depois, após a morte dele, com Altiero Spinelli. Ela morreu em 1991. Deixou um belo livro de memórias, publicado postumamente na Itália com o título *Noi senzapatria* [*Nós, os sem-pátria*], no qual conta muitos episódios da nossa família e da nossa adolescência.

Tenho outra irmã que vive em Roma e é cinco anos mais nova do que eu. Quando deixei a Alemanha, eu tinha 18 anos e ela, 13. Para mim, ela ficou sendo um pouco a minha irmãzinha, mesmo agora, com 74 anos!

Quais eram as línguas faladas em sua casa? Quando aprendeu o inglês?

Na realidade, o inglês foi a terceira ou quarta língua que aprendi. A primeira, para mim, naturalmente era o alemão; a segunda, o francês; a terceira, o italiano; depois, o inglês e o espanhol.

E o iídiche?

Eu nunca aprendi. Conheço apenas algumas palavras.

Mas vocês falavam francês também em casa?

Não, falávamos francês somente com uma *demoiselle* francesa que viveu conosco por alguns anos e nos ensinou a língua.

Falava-se de política na sua casa?

Sim, falava-se, mas não era o assunto principal. Todos começaram a "falar de política" depois de 1930, porque naquele ano – eu tinha 15 anos – houve a primeira grande vitória eleitoral nazista. Além disso, no Französische Gymnasium, eu tinha amigos que eram mais velhos do que eu, e um, em particular, teve certa influência sobre mim. Fez-me ler Marx quando tinha 14 anos. Era o meu mentor. Chamava-se Heinrich Ehrmann. Na Alemanha, a figura do mentor, do mestre é importante. Em 1931, entrei para o movimento juvenil do Partido Social-Democrata, depois da conversa com Heinrich Ehrmann. Desde então, seguimos aproximadamente o mesmo percurso. Ele também primeiro foi para a França e depois, em 1940, veio para os Estados Unidos, onde se tornou cientista político.

Conte-nos melhor como ocorreu seu ingresso na Juventude Socialista. Foi sua irmã Úrsula ou o senhor que entrou primeiro?

Eu entrei primeiro, e ela pouco depois.

Além dos amigos, houve algum mestre importante nesse período da sua vida?

Sim. Como eu mencionei antes, houve professores importantes. Um, muito bom, de religião, me fez ler os contos de Tolstoi. Era uma pessoa verdadeiramente competente, que depois se tornou militante antinazista. Tive também um excelente professor de alemão. Era judeu, mas permaneceu na Alemanha. Falava um alemão extraordinário. Não sei como ele fez para sobreviver. Era completamente dedicado ao ensino da literatura: "O *Fausto* de Goethe – dizia – não se pode ler na escola. Se vocês quiserem aprender alguma coisa sobre *Fausto*, venham à minha casa e o leremos juntos". Formamos então uma espécie de grupo de trabalho coletivo, uma *Arbeitsgemeinschaft*. Uma vez por mês, durante um ano, nos reuníamos em sua casa.

O ginásio era misto?

Não, mas eu conheci algumas garotas, por intermédio da minha irmã. Embora ela fosse um ano e meio mais velha que eu, freqüentávamos a mesma classe, porque meus pais, quando chegou o momento de matriculá-la (tinha seis anos e meio), pensaram: "Mas também o garoto pode começar a ir para a escola. Veremos como ele se vira". Eu tinha cinco anos, mas não tive problemas. Assim, permanecemos na mesma classe.

Quais eram as suas matérias preferidas no liceu?

Eu gostava de História e Geografia, mas também era muito bom em Matemática.

E as matérias clássicas?

Em Latim ia muito bem, mas eu gostava mais de Grego. Percebia que era uma língua magnífica, com uma grande literatura. Quatro anos de estudo, porém, não foram suficientes. Entusiasmavam-me a história de Édipo e a tragédia grega, mas talvez estivesse tomado demais por outras coisas.

Quais foram os primeiros autores pelos quais se apaixonou?

Li muito história. Naquela época, estavam na moda as biografias dos grandes personagens históricos escritas (muito mal) por Emil Ludwig. De qualquer forma, eu estava interessado em períodos históricos específicos. Gostei muito dos *Buddenbrook*, de Thomas Mann, e dos romances de Tolstoi e de Dostoievski. Considero este último um excelente autor. Li todas as suas obras, em alemão, e algumas coisas que me tinham escapado antes eu as li na França. Quase me tornei um *expert* em Dostoievski.

Mesmo na época em que começou a ler Marx e entrou para a Juventude Socialista, o senhor continuou a gostar e a ler Dostoievski?

Sim, certamente. Nessa época lia muito Nietzsche. Tinha 16 anos naquele tempo e me perguntava com insistência: como posso conciliar Marx e Nietzsche?

Quando decidiu entrar para a Juventude Socialista, como a sua família reagiu?

Bom, meus pais não viam com bons olhos essa decisão de me tornar militante, mas em certo sentido era natural que se preocupassem. Eu e minha irmã tínhamos entrado na fase de conflito com os pais e decidimos ir em frente de qualquer modo pelo nosso caminho. Aos domingos, íamos ao campo com as nossas camisas azuis e os lenços vermelhos, e naquelas ocasiões era fácil encontrar bandos de nazistas.

Vocês nunca entraram em choque com os nazistas? Nunca os provocaram?

Não, jamais. Somente aconteceram algumas brigas.

E como eram os encontros da Juventude Socialista?

Encontrávamo-nos regularmente uma vez por semana. A reunião era em um certo lugar nos arredores do famoso Sportpalast. Discutíamos os programas e, ocasionalmente, participávamos também das manifestações organizadas pelo partido, como aquela do 1º de maio.

Na época dessas reuniões, vocês também tinham contato com os militantes operários?

Nosso movimento já era por si só um movimento operário. Existiam também uns "elementos burgueses", visto que o nosso bairro era na maior parte burguês. Havia operários e pessoas pertencentes à classe média, que eram mais do que tudo mencheviques, ou melhor, filhos de mencheviques, rapazes crescidos e educados na Alemanha, mas filhos de russos. Conhecia um desses rapazes, muito famoso, que se chamava Raphael Rein. Era um eminente menchevique, membro do Bund, o partido socialista judaico. Para desempenhar um papel no partido, era necessário ter um nome judeu, e então ele escolheu chamar-se Raphael Abramovich. Tinha estado certo período na prisão na Rússia czarista, depois no exílio em Viena, e então de novo na Rússia, de onde, porém, partiu novamente no início dos anos 20, porque tinha se tornado impossível para ele viver lá.

No grupo de vocês havia alguma repercussão do debate que se estava travando no movimento social-democrata?

Sim, certamente. Foi precisamente aquele o momento da ruptura na linha política dos socialistas a propósito da *Tolerierungspolitik,* da política de tolerância em relação ao governo de Brüning. Naquela ruptura, desempenhou um papel relevante, entre outros, Willy Brandt. Como me foi lembrado recentemente, ele tinha a mesma idade que eu. Nós, que representávamos a ala esquerda, éramos contra a política da tolerância. Nem todos, porém, achavam oportuna uma separação. Quando um membro importante do grupo organizou a cisão, a qual gerou um novo partido, o Sozialistische Arbeitspartei (Sap) – que, se me lembro bem, foi fundado em 1931 –, uma parte do nosso grupo, os jovens sobretudo, decidiu segui-lo, ao passo que eu e vários outros resolvemos permanecer. Essa foi, para mim, uma primeira experiência do conflito entre "exit" e "voice". Fiquei em dúvida entre optar pela deserção ou pela expressão da dissidência e da crítica interna.

De qualquer modo, a Juventude Socialista era essencialmente um grupo de discussão?

Sim, mas interessava-me permanecer para ter alguma possibilidade de influência sobre as escolhas do partido.

Num plano mais pessoal – e se a pergunta não for indiscreta demais –, quais foram seus envolvimentos amorosos mais inesquecíveis daquele período?

Tenho algumas recordações muito nítidas. Naqueles anos, tive vários envolvimentos, especialmente vinculados à atividade política. No grupo existiam também muitas mulheres. Lembro-me em particular de duas jovens, com as quais tive um relacionamento durante o período de Berlim. Uma delas era filha de um menchevique; a outra provinha de uma família operária. Tornaram a militância ainda mais agradável.

O que vocês faziam juntos? Às vezes iam dançar?

Não. Naquela época, eventualmente, íamos às marchas! Algumas vezes, acompanhava a garota em casa, a pé, e estes eram os momentos que tínhamos para ficar a sós, mas, no conjunto, tudo era muito espartano!

Considerando também a sua relação com esses filhos de mencheviques, sinto vontade de lhe perguntar se vocês estavam a par daquilo que estava acontecendo na União Soviética naquele período?

Sim, falava-se a respeito. O pai da garota de quem eu falei era um militante menchevique muito empenhado e escrevia contra o regime comunista. Em resumo, sabíamos alguma coisa do que ocorria na Rússia. Mas os filhos são sempre mais à esquerda dos pais, e era normal, portanto, que para os mais jovens a situação parecesse muito melhor. Vivia-se o período do primeiro plano qüinqüenal, e do lado de fora as coisas pareciam ir bem. Não sabíamos nada ainda dos horrores daquele regime e da "inquisição". Do confronto entre a Grande Depressão que afligia o Ocidente e a Reconstrução em curso na União Soviética, o comunismo parecia sair-se bem. Sem dúvida, desenrolou-se uma discussão vigorosa sobre esses temas no interior do nosso grupo, mas a nossa decisão de permanecer na social-democracia dependia também do fato de que aí não devíamos seguir a linha rígida dominante no partido comunista.

Mas o senhor tinha contato com os comunistas?

Não. Naquele tempo, eu não tinha contato com os comunistas, não os conhecia pessoalmente. Encontrávamo-nos apenas ocasionalmente, nos nossos passeios de fim de semana, e tínhamos discussões políticas.

Naquela época, o senhor lia Marx e a literatura marxista?

Sim, lia muito Marx, Lenin, Engels, Kautsky etc.

Normalmente, nessa idade, tem-se sempre uma posição muito precisa sobre as coisas... Por exemplo, lia também Rosa Luxemburg?

Sim, alguma coisa. Sabia da discussão entre Luxemburg e Lenin... Eu estava muito fascinado por Lenin. Gostava dos seus escritos de 1917, repletos de flexibilidade tática, e penso que a influência desse homem e do seu pensamento é percebida em algumas partes do meu trabalho, por exemplo, em *Journeys Toward Progress* [*Jornadas rumo ao progresso*], quando falo sobre como realizar as reformas na América Latina. Toda a idéia da *reform-mongering* (reforma negociada) remonta, de algum modo, às minhas leituras juvenis de Lenin.

Naquele período, escrevia para algum jornal ou revista?

Não, não escrevia nada. Tinha 16 anos, tinha de fazer ainda o Abitur.[1] Obtive o diploma do liceu no Französische Gymnasium, em 1932, e depois fiz o primeiro ano de universidade em Berlim.

Em qual faculdade?

Naquela época, estava ainda em fase de orientação. Estudava alguma coisa entre direito e economia. Naquele último ano na Alemanha, desempenhei muita atividade política. Em certo momento, juntei-me a alguns militantes do Partido Social-Democrata, que constituíram uma espécie de grupo clandestino, chamado Neu Beginnen (novo início), e descobri que dele faziam parte importantes inte-

---

1 Exame público para a obtenção do diploma de conclusão do segundo grau. (N. T.)

lectuais do Partido Social-Democrata. Entre eles estava o meu amigo Ehrmann, e também o célebre analista político Richard Löwenthal, que morreu recentemente na Alemanha, um Raymond Aron alemão. Nos seus escritos, que nos anos 30 líamos em Paris, era feita a primeira análise séria do nacional-socialismo, antes de tudo porque ela marcava posição distanciando-se das versões marxistas ortodoxas, nas quais o nazismo era considerado apenas uma nova expressão do capitalismo tardio. Löwenthal escreveu uma série de artigos importantes sobre esse assunto. Para não se distanciar demais da Alemanha, ele foi primeiro a Praga. No fim, foi para Londres.

O grupo de vocês estava se preparando, de algum modo, naqueles meses, para as eleições de janeiro de 1933?

Percebíamos que os nazistas tinham se tornado muito fortes, e também o partido deles, mas ninguém estava preparado. No fundo, o que aconteceu foi resultado da decisão de Hindenburg de chamar Hitler para formar o novo governo. Todavia, a situação não mudou muito até o incêndio do Reichstag, que marcou realmente o início do terror.

Nos grupos políticos juvenis, discutia-se sobre a possibilidade de resistência organizada, de luta armada, de oposição clandestina ao nazismo?

Em um certo momento, após o incêndio do Reichstag, todos os partidos foram simplesmente abolidos. Não existia mais um lugar onde pudéssemos nos encontrar. O local onde nos reuníamos não estava mais disponível. Assim, muitos saíram de circulação. Todavia, continuamos a manter contato uns com os outros. Desse modo, decidimos continuar a nos ver de vez em quando na casa de alguém. Havíamos conseguido um mimeógrafo, mas não tínhamos onde guardá-lo, nem onde escondê-lo. Queríamos continuar a protestar, a dar voz à nossa divergência e a publicar nosso jornal. Foi então que interveio Eugenio Colorni, que conhecíamos porque tinha se tornado muito amigo de minha irmã.

Então, vocês se conheceram em Berlim?

Sim. Ele tinha conquistado minha irmã na biblioteca. Quando Hitler subiu ao poder, Colorni nos disse que podíamos usar o seu quarto de hotel, visto que ele, como estrangeiro, não era suspeito. Assim, nós o utilizamos para imprimir as nossas publicações, para os manifestos.

Naquele tempo, o que o senhor pensava a respeito do nazismo alemão e do fascismo italiano?

Para falar a verdade, sabíamos bem pouco do fascismo italiano. Sabíamos que significava o fim da democracia, a ditadura do capital. Para nós, "fascismo", naquela época, era somente uma palavra feia, que usávamos como um *Schimpfwort*, um insulto. A pior coisa que os comunistas fizeram foi chamar os social-democratas de social-fascistas. Foi, sem dúvida, a ofensa mais grave.

E Colorni lhes falava da Itália?

Colorni, naquele tempo, era muito amigo de Úrsula, mas eu o via raramente. Não tínhamos oportunidade de conversar muito. Pouco depois fui para Paris, no início de abril de 1933.

E Úrsula?

Ela partiu três meses depois. Em Paris, procurei juntar um pouco de dinheiro dando aulas de alemão. Havia uma família francesa para a qual eu ensinava que me convidou a passar o verão com eles na Normandia. Era julho, e para lá também foi Úrsula, que vinha da Alemanha.

E os seus pais?

Meu pai morreu em março. Minha mãe permaneceu ainda por muitos anos na Alemanha. Partiu somente em 1939.

O senhor disse antes que os seus pais se preocupavam com a sua militância política. Era o medo compreensível de todos os pais, ou eles também se preocupavam com o anti-semitismo nazista? Em outras palavras, quando é que começou a se tornar um problema o fato de ser judeu?

Meus pais, obviamente, estavam bem conscientes do problema do anti-semitismo. Meu pai era uma pessoa muito reflexiva, mas não era um tipo decidido. A esse respeito, eu me lembro de uma passagem divertida: com a idade de 13 ou 14 anos, eu fui falar com meu pai e lhe fiz uma pergunta, não lembro bem do que se tratava... Ele me respondeu de tal maneira que corri para o quarto de minha irmã dizendo muito surpreso: "Você sabia? Papai não tem uma *Weltanschauung* (visão de mundo)!". Lembro-me das leituras que fazíamos juntos. Por um certo período, fiquei muito fascinado pelos austro-marxistas, Max Adler e outros. Algumas dessas coisas eu as li com meu pai, que ficou muito impressionado. Diria, portanto, que ele tinha uma mente aberta, mas era indeciso. Minha mãe, ao contrário, era um tipo mais decidido. Tinha idéias claras sobre o que lhe agradava e o que não lhe agradava.

E como o senhor tomou a decisão de emigrar?

Em um certo momento, decidi partir. Fundamentalmente, foi uma decisão minha, mas falei um pouco também com os amigos.

E Úrsula?

Úrsula estava mais envolvida com certos círculos de pessoas... Muitos dos seus amigos tinham sido presos e mandados para os campos de concentração. Ela, portanto, tomou a decisão e partiu com os outros. Eu, ao contrário, estava sozinho.

Vocês temiam que pudesse haver represálias à sua mãe?

Não, naquele período, tinha se tornado normal deixar o país. Muitos o fizeram. No fim das contas, era aquilo que os nazistas queriam.

Então, após o primeiro ano de universidade em Berlim, o senhor foi para Paris e se inscreveu na universidade.

Sim. Em Paris, procurei refletir sobre o que devia fazer dos meus estudos. Descrevi esse acontecimento em uma aula inaugural feita na École des Sciences Politiques para o recebimento de uma láurea *honoris causa*. É uma história interessante. Conheci Michel Debré, então estudante na École des Sciences Politiques, o qual me desaconselhou vivamente a entrar naquela faculdade. Ele me disse: "Você é um refugiado. Nunca se tornará, certamente, um diplomata ou um funcionário da administração pública", e "Sciences Po" abria quase unicamente aquela estrada.

E então, o que o senhor escolheu?

Eu escolhi uma outra das Grandes Écoles, a de Hautes Études Commerciales, e a freqüentei por dois anos.

Ali se estudava principalmente economia...

Economia, mas também finanças, ciência da administração, contabilidade...

Adaptou-se logo em Paris?

Sim. Tornei-me quase um francês. Tinha um bom ponto de partida, por causa do conhecimento da língua, e deixei-me levar pela vida parisiense. Além disso, fiquei amigo da família para a qual dava aulas.

E onde vivia?

Primeiro, dividia uma casa com minha irmã no XV Arrondissement, onde moravam muitos refugiados. Depois, fui para a Cidade Universitária, onde tinha um quarto só meu.

E quanto tempo permaneceu em Paris?

A primeira vez, fiquei lá de 1933 a 1935. Depois, de 1935 a 1936, fiquei em Londres. No verão de 1935, fui para Forte dei Marmi, porque Colorni, que nesse meio tempo havia ficado noivo de minha irmã, tinha uma casa lá. Depois, voltei para a Itália em dezembro, para o casamento de Úrsula e Eugenio. A propósito, acabei de ler o livro de Clara Sereni, *Il gioco dei regni* [*O jogo dos reinos*], em que ela conta que um dia antes do casamento Eugenio teve de providenciar que Mimmo (esse era o apelido de Emilio Sereni) deixasse a Itália para ir para Paris sem problemas. Na noite do casamento, durante a festa, Eugenio me chamou de lado e disse: "Você tem de me acompanhar à Estação Central". Deixamos a festa para ir à estação. Chegando lá, Eugenio me pediu para esperá-lo e, caso não voltasse, para avisar certas pessoas. Ele tinha de garantir que Mimmo Sereni embarcasse no trem e que tudo saísse bem. Depois, voltamos à festa. Achei estranha a versão contada por Clara Sereni no livro, e lhe disse isso. Ela escreve que Mimmo partiu de carro, ao passo que eu sei com certeza que ele partiu de trem. Ela me respondeu que, provavelmente, Mimmo tenha ido de carro de Roma a Milão e tomado o trem na Estação Central de Milão.

Em Paris, o senhor já estava em contato com a Resistência italiana?

Não, em Paris eu tinha relações somente com a emigração alemã, mas me cansei muito cedo desse circuito. Conscientizei-me de que precisava estudar seriamente, decidir o que fazer da minha vida. Mantive, evidentemente, algumas relações pessoais, mas me deixei absorver pelos estudos. Úrsula deixou Paris em 1935. Entre nós havia uma relação muito estreita, e um ano depois eu também decidi ir para a Itália.

Nesse período, quem foram seus mestres?

Escrevi recentemente sobre isso, por ocasião do recebimento de outra láurea de *honoris causa* em Nanterre, dessa vez em ciências econômicas. Tive alguns bons professores em Paris, de Geografia econômica, de Economia, de Ciências monetárias e bancárias, como Albert Demangeon e Henry Pomméry.

Mas o ano mais importante para a sua formação cultural foi o da London School of Economics, não é verdade?

28   *Albert O. Hirschman*

Sim. Em 1935, consegui obter uma bolsa de estudo por um ano na London School of Economics. Do ponto de vista da minha formação intelectual, era muito importante entender o que estava realmente acontecendo na ciência econômica moderna. Para mim, aquele ano foi decisivo. Entendi melhor o que estava acontecendo na teoria econômica, ainda que a London School, naqueles anos, não fosse de modo algum keynesiana. Era, no caso, antikeynesiana, porque lá existiam pessoas como Von Hayek e Robbins, e eu freqüentei também os cursos deles. Mas havia também um grupo de pessoas mais jovens, principalmente entre os meus coetâneos, alguns fugidos da Hungria ou da Alemanha, e espontaneamente passei a fazer parte desse grupo. Eram todos keynesianos. Tinham estado em Cambridge para ouvir o Mestre. Havia entre eles um jovem economista brilhante, já muito conhecido e que em seguida se tornou famoso, Abba Lerner. Havia, além disso, bons professores de comércio internacional, alguns verdadeiramente competentes.

O senhor também foi a Cambridge?

Sim, para encontrar Piero Sraffa, que era, parece-me, primo de Colorni. Eugenio me escreveu uma carta de apresentação, e assim consegui ter uma boa conversa com Sraffa, e isso foi tudo.

Em que o senhor estava trabalhando no período transcorrido na London School? Publicou alguma coisa?

Como eu não seguia um plano regular de estudos – estava lá por um ano, freqüentava os cursos e, de qualquer forma, não tinha de obter a graduação, porque já possuía o diploma da École des Hautes Études Commerciales –, decidi estudar por minha conta um problema de história econômica francesa recente: a história da reforma econômica de 1925-1926 e do "franco Poincaré". Na época, era um assunto importante para os franceses e, como tinha vivido na França e pensava em retornar para lá, decidi dedicar-me ao estudo dos acontecimentos da história econômica francesa recente, especialmente da política monetária. Portanto, comecei a elaborar um projeto de pesquisa nesse campo, sob a supervisão de um professor, Barrett Whale, um *expert* em economia internacional, e aquele foi efetivamente o problema que depois desenvolvi para a tese de doutorado em Trieste.

Mas em Trieste seguiu um curso de especialização, ou outro curso de graduação?

Em Trieste, por meio do sistema de equivalências, reconheceram-me uma série de exames e trabalhos feitos em Paris e em Londres. Tive de fazer alguns exames de direito comercial ou jurisprudência e, assim, estudei um pouco. Fundamentalmente, porém, devia escrever a tese. O tema era aquele que havia trabalhado em Londres. Decidi reelaborá-lo e traduzi-lo para o italiano.

Foi naquele período que aprendeu o italiano?

Bom, aprendi! Logo que soube que iria viver na Itália, comecei a tomar aulas de italiano de um refugiado, Renzo Giua, que depois morreu na Guerra Civil Espanhola. Minha irmã o retrata muito bem no seu livro.

E o que Eugenio Colorni fazia? Ensinava na universidade?

Não, não ensinava na universidade, porque nunca fez o juramento ao regime. Ensinava Filosofia em uma escola Normal.

30   *Albert O. Hirschman*

Portanto, o senhor se estabeleceu por aqueles anos na Itália porque lá estavam Úrsula e Eugenio?

Sim, grande parte por esse motivo, mas existiam também outras razões. Ao retornar de Londres, eu me encontrava em dificuldades econômicas, não tinha trabalho. Além disso, antes de ir para a Itália, em 1936, tinha estado na Espanha. Depois de Londres, fiquei algumas semanas em Paris, onde soube que na Espanha havia eclodido a Guerra Civil, e assim decidi ir...

O senhor nos diz simplesmente que decidiu partir, mas pouco antes nos contou que estava atravessando uma fase de cansaço em relação ao circuito dos refugiados e que tinha decidido concentrar-se nos estudos. Foi a Espanha que o levou de novo à política?

Sim, é verdade. Queria estudar, mas ao mesmo tempo me dava conta de que o fascismo estava avançando e de que não podia ficar olhando sem fazer nada. Assim, quando percebi que existia a possibilidade de fazer alguma coisa, fui para lá.

E como foram as coisas? Juntou-se a uma brigada ou foi por conta própria?

Fui sozinho direto para Barcelona. Ali encontrei um grupo misto, de italianos, alemães, franceses que iam para o *front*. Fizemos um pouco de treinamento, mas o grupo logo se viu sob o controle dos comunistas.

E como o senhor reagiu?

Eu ainda me considerava um socialista, mas o Partido Socialista caiu sob o controle dos comunistas. Eu tinha relações com o POUM, através dos meus amigos mencheviques de Paris. Havia um em especial, o filho de Abramovich (irmão da garota com quem anos antes eu havia me relacionado), que era um grande amigo e me deu os nomes de algumas pessoas para contatar. Mais tarde, ele mesmo foi à Espanha para ajudar a república como engenheiro técnico e desapareceu. Certamente foi morto pelos stalinistas. Naquele período, Stalin procurava atingir os seus principais inimigos matando os filhos deles. Já havia matado um filho de Trocki, e fez a mesma coisa com o filho de Abramovich. Soubemos somente mais tarde, em Trieste. Foi, portanto, por meio de Mark Rein que estabeleci contatos políticos com simpatizantes e militantes do POUM.

Mas quanto tempo o senhor permaneceu no front*?*

Dois meses. Depois, devia ir a Madri, com as brigadas internacionais, mas decidi não ir.

Por quê?

Porque aquela era, afinal, uma formação inteiramente comunista. Além disso, um dos italianos que estavam ali disse-me que a minha presença era mais útil na Itália, como suporte à atividade antifascista de meu cunhado.

Portanto, houve um momento de virada, em que o senhor decidiu, em um certo sentido, tornar-se militante em tempo integral. Também, quando foi para a Itália, era para uma espécie de missão política...

Sim, é isso, mas apenas em parte. Meu cunhado, por exemplo, além de antifascista empenhado, era também professor. Em síntese, não havia necessidade de tornar-se militante profissional. Éramos antifascistas, mas era uma atividade, por assim dizer, secundária.

Na Espanha, o senhor recebeu também uma iniciação militar?

Sim, seguimos um curso de treinamento, muito elementar.

Que militantes italianos encontrou quando estava no front?

Não muitos. Algumas pessoas que conheciam bem Eugenio Colorni, que tinha permanecido na Itália. Renzo Giua veio mais tarde, não nos vimos lá.

E depois da Espanha?

Depois, a coisa mais inacreditável foi que eu tinha um passaporte alemão completamente em ordem, concedido dois anos antes, sem nenhum carimbo que indicasse nem a minha entrada nem a minha saída da Espanha. Atravessando o Mediterrâneo, cheguei a Trieste e ali permaneci. Eugenio empenhou-se para arranjar-me uma colocação na universidade, e assim tornei-me assistente de estatística em Trieste. Permaneci na Itália por um tempo. Fazia freqüentes viagens a Paris, principalmente para facilitar as comunicações com Sereni e sobretudo com Angelo Tasca, que, na época, era amigo de Eugenio.

Quando o senhor foi para Trieste, ainda era muito jovem, tinha vinte anos... Divertia-se também tendo essa vida tão movimentada?

Sim, eu gostava desse vaivém, passar da Catalunha à Itália fascista. Depois a Paris e novamente à Itália. Gostaria, porém, de voltar por um momento aos meus contatos com o POUM. Éramos muito pessimistas naquele tempo com relação à possibilidade de manter um partido socialista independente, pois os comunistas stalinistas estavam assumindo uma posição de domínio na esquerda.

Quando estava na Espanha, o conflito entre os comunistas e os outros grupos na Catalunha já havia se iniciado, os assassinatos e as traições dos stalinistas já tinham começado...

Sim. Talvez, naquele período, eu ainda não percebesse quão terrível era a situação, a que ponto chegariam essas crueldades.

Mas, quando o senhor, em Trieste, mantinha contatos com Paris – Amendola falou a esse respeito nas suas memórias –, relacionava-se com os diversos grupos de antifascistas, incluindo os comunistas.

Sim, porque existiam ligações pessoais. Como diz também sua filha Clara, Mimmo encontrou-se em dificuldades exatamente por esses contatos com os "renegados". Na realidade, as coisas foram assim. Nós conhecíamos bem a mãe de Mark Rein, o filho de Abramovich. Era uma pessoa muito nervosa, psicologicamente frágil. Depois do desaparecimento do filho, ficou muito abalada. Quando soubemos disso, em Trieste, em abril de 1937, Úrsula pediu a um "mensageiro" que fosse a Paris levar-lhe flores. Entregou-as e depois foi direto encontrar Mimmo. Mais tarde, quando Mimmo foi a Moscou, foi interrogado sobre seus contatos com Abramovich, "perigoso inimigo" da União Soviética. Para os stalinistas, os fatos pareciam mostrar, com toda a evidência, que Mimmo tinha esse tipo de contato, o que, aos olhos deles, representava um dos piores crimes. Tudo, porém, tinha acontecido por pura coincidência. O mesmo ocorreu comigo. Eu também mantive essas relações, mas para mim era diferente, porque eu sabia exatamente qual era a posição de Abramovich.

Durante a sua permanência na Itália, o senhor estreitou relações com Eugenio Colorni. Qual era a posição dele na luta antifascista?

Colorni era o chefe do "centro interno" do Partido Socialista. Naturalmente, não me contava tudo. Havia muita discrição da sua parte. Eugenio sempre procurava reunir as várias facções do antifascismo, sem privilegiar nenhuma em particular. Em um primeiro momento, tinha estado no grupo de Justiça e Liberdade, mas depois tinha se tornado socialista. De qualquer modo, tinha sempre mantido boas relações com os giellistas (membros do grupo Justiça e Liberdade), e esteve muito perto deles sobretudo quando Rosselli foi morto. Tinha contato com todas as facções do antifascismo: giellistas, socialistas, comunistas... Também os meus contatos, quando eu estava em Paris, eram vários. Via freqüentemente Tasca...

O qual se tinha tornado, decididamente, um anticomunista. E como o senhor fazia para manter relações com Sereni e com Tasca ao mesmo tempo?

Não tenho certeza se essas relações tinham acontecido ao mesmo tempo, durante a mesma viagem. Fiz muitas viagens. Em uma delas, recebi de Mimmo Sereni uma valise com tampa dupla – que era diferente de uma com fundo duplo – e que naquele tempo era uma grande inovação. Depois, levei algumas mensagens para Tasca. Enquanto com Mimmo as relações se limitavam a uma troca de informações e instruções, com Tasca eram mais abertas. Um dia, encontrei também Nicola Chiaromonte e Mario Levi, que trabalhavam com ele. Mario Levi era o irmão de Natalia Ginzburg.

O senhor diria que Sereni era de poucas palavras, dava apenas as diretrizes, ao passo que Tasca, Chiaromonte e Levi eram mais propensos à discussão?

Sim, em certo sentido. Quando, em 1938, voltei a Paris, eu os vi e os visitei muito assiduamente.

Uma frase que impressiona, nas memórias de Úrsula, é que ela diz ter se sentido muito aliviada no clima liberatório italiano. Mas era realmente assim? Na Itália, em relação a Paris, respirava-se um clima liberatório em 1936-1937?

Em Paris, nos ambientes dos emigrados, fazia-se sempre a angustiante pergunta: "estar com os comunistas ou dissociar-se?", e havia muitas intrigas. Eis por que, num certo momento, me retirei, saí dos circuitos da emigração. Também, quando voltei a Paris, mantive-me inteiramente alheio. Conservei, é claro, algumas amizades, por exemplo, com os mencheviques, com os quais tinha sempre mantido contato. Naquela época, conheci também alguns intelectuais franceses, como Robert Marjolin e Raymond Aron. Essa foi a vida que levei nos últimos anos da minha permanência na França.

Mas, retornando à pergunta sobre o "clima liberatório italiano", parece-me que, naquela afirmação de Úrsula, existe uma certa crítica em relação aos costumes italianos. No seu livro, há um belo capítulo intitulado "Torno-me uma mulher italiana". Ela estava se tornando uma dona de

36 Albert O. Hirschman

casa propriamente dita, e nesse sentido sentia que estava perdendo, em parte, a sua própria independência e começava a depender talvez um pouco demais de uma série de comodidades da vida cotidiana, que antes, na Alemanha ou na França, nunca havia experimentado. Era também a primeira vez que tinha sua própria casa e filhos.

Quando o senhor estava na Itália, viajava muito pelo interior do país, tinha contato com as outras cidades?

Não, absolutamente. Era fixo em Trieste, estava muito absorvido pelos meus estudos, pela minha função de assistente universitário, e trabalhava muito algumas idéias que comecei seriamente a desenvolver naquele período. Meu trabalho estava centrado essencialmente na demografia, outra das minhas idéias fixas. Escrevi alguns artigos. Publiquei um deles no *Giornale degli Economisti*. Outro não pude publicar, porque era contra a política demográfica de Mussolini.

Por que esse interesse pela demografia italiana?

Porque o regime fascista, para promover a política pró-natalidade, produziu muitos dados de estatística demográfica e estudos importantes sobre a matéria que nunca tinham sido feitos antes: a fecundidade da mulher italiana de acordo com o número de filhos, com os que sobreviveram etc. Eram dados e estudos muito interessantes. Baseei um artigo nesses dados, usando estatísticas que demonstravam o rendimento decrescente. Por exemplo, se de um total de seis filhos, quatro sobrevivem, de sete sobrevivem apenas três. Portanto, sustentava no artigo, também do ponto de vista da política da natalidade, que é deletério estimular e premiar as mulheres que põem no mundo todas essas crianças! Acredito que o meu argumento era bom e que o é ainda hoje, mas não consegui publicá-lo... Talvez seja publicado postumamente...

Estudou também filosofia, além de economia, estatística e matérias similares?

Não. Lia certamente alguma coisa de filosofia sob a influência de meu cunhado, mas não era o que mais me interessava.

Considerava-se marxista, em 1936-1937?

Acho que comecei a ter algumas dúvidas sobre isso. Um excelente escritor alemão, Hans Sahl, que encontrei em Marselha e que morreu recentemente na Alemanha, com a idade de noventa anos, dizia que as pessoas que se distanciavam do comunismo nos anos 30 atravessavam três fases antes de chegar a essa conclusão: começavam a pôr em discussão Stalin, depois Lenin e, por último, duvidavam de Marx... Na sua autobiografia, Sahl diz: "Quando eu estava em Paris, nos anos 30, tinha uma grande admiração por Silone – ele também estava em Paris naquele tempo. Chamei-o e me dei conta de que Silone já estava no segundo ou terceiro estágio desse processo, ao passo que eu estava ainda no primeiro!".

Quando leu Marx, o que mais o impressionou no seu pensamento?

Impressionou-me muito o *18 Brumário*. Seus escritos históricos eram muito menos "ortodoxos" que seus escritos econômicos.

E a ética política?

38   *Albert O. Hirschman*

Em geral, eu nunca tive grande interesse pela ética, diferentemente de Michael Walzer, que trabalha aqui em Princeton, na sala ao lado da minha... Talvez com ele eu tenha um bom relacionamento exatamente porque nos interessamos por coisas diferentes! Eu quero entender de que modo as coisas aconteceram, como se deu a mudança.

De Marx, portanto, o senhor leu os escritos históricos, o Manifesto do Partido Comunista*,* As lutas de classe na França...

Sim, certamente, assim como li *O capital*. Li também muito Engels. Por exemplo, o *Anti-Dühring* me impressionou muito.

Em 1938, o senhor deixou a Itália. Foi por causa das leis raciais?

Sim, foi por isso. Estava em contato, em Milão, com um famoso demógrafo e economista, Giorgio Mortara, que dirigia o *Giornale degli Economisti*. Foi ele que publicou o meu primeiro artigo e depois me desaconselhou a publicar o segundo. Lembro-me de que lhe pedi um conselho quando saíram as primeiras leis raciais. Escreveu-me uma bela carta dizendo: "Será necessário muito tempo antes que essa obsessão, essa doença" – usou essa metáfora – "se acabe". Portanto, aconselhou-me a partir. Eu, Úrsula e Eugenio fomos nas férias para Selva di Val Gardena. Era julho, e eu fui logo depois para Paris. Eugenio foi preso com grande espalhafato, em setembro, o que certamente teria acontecido comigo, visto que fui denunciado na imprensa fascista como colaborador de Eugenio e como judeu alemão.

Mas Úrsula, ao contrário, permaneceu?

Sim, permaneceu e não foi perseguida. Este é um exemplo de como o fascismo não era cruel e desumano como o nazismo. Entre outras coisas, quando Eugenio foi mandado para longe em Ventotene, ela pediu para ir para lá, o que, em geral, não era permitido, mas a polícia disse que "era preciso deixar que essa pobre senhora estrangeira acompanhasse também o marido", e assim foi-lhe permitido ir com ele.

Naquele tempo eles já tinham uma filha?

Sim, Sílvia, e parece-me que Úrsula já estava grávida de outra menina, Renata, que nasceu em 1939. Eugenio foi preso em 1938.

Quais foram os seus primeiros contatos com os Estados Unidos?

Não tive nenhum contato até o momento em que comecei a trabalhar para a organização de expatriações clandestinas de Varian Fry, em Marselha. A propósito, acabou de sair uma nova edição do seu livro *Assignment: Rescue* [*Tarefa: resgate*], com introdução minha.

O livro foi publicado pela primeira vez em 1944...

Agora, em parceria com o novo Museu do Holocausto, de Washington, foi feita uma nova edição, patrocinada por essa instituição. Nesse período, em Washington, organizaram uma mostra sobre Varian Fry. Pediram-me algumas coisas, como a minha carteira de identidade daquele tempo e outros documentos falsos que levava comigo...

40   *Albert O. Hirschman*

Falemos um pouco dessa "operação resgate". No momento em que o senhor deixou a Itália para ir para a França, tinha ainda somente o passaporte alemão?

Sim, só o alemão.

E a experiência no Emergency Rescue Committee?

Seguiu-se ao período do meu alistamento voluntário no exército francês. Essa oportunidade foi criada pelo governo Daladier, depois do pacto de Munique. Até então, o único modo de os estrangeiros irem para a França era entrar na Legião Estrangeira, o que não era propriamente a escolha ideal. Por isso, o governo francês decidiu criar uma alternativa de recrutamento e abriu uma lista para aqueles que, em caso de guerra, quisessem lutar defendendo a França. Eu me inscrevi depois do pacto de Munique, e precisamente em 1º de setembro de 1939 fui chamado para o treinamento. Naquele mesmo dia, eclodiu a Segunda Guerra Mundial! Fiz um pouco de treinamento militar. Éramos um grupo de voluntários alemães e italianos. Tinham nos reunido em uma companhia cuja base estava em uma zona a oeste de Paris, perto do Le Mans, e passei ali a *drôle de guerre* (guerra esquisita). Em abril, começou a ofensiva alemã, e logo ficamos cercados. Naquele momento ficou claro que corríamos o grande risco de cair prisioneiros nas mãos dos alemães...

O senhor permaneceu ali por sete meses?

Sim, e aquele não foi certamente um período de ócio. Estávamos muito ocupados na construção do anel ferroviário para uma fábrica de munições. Trabalhávamos como operários. O nome daquela companhia era, de fato, "Bataillon d'Ouvriers d'Artillerie" (BOA). Eu e um companheiro con-

A *moral secreta do economista* **41**

vencemos o nosso oficial comandante, obviamente um francês, de que estaríamos mais seguros com dois documentos franceses. Assim, uma noite nos reunimos e cada um escolheu para si uma identidade. O pretexto era que tínhamos perdido durante a campanha as nossas carteiras militares e que, portanto, agora tínhamos necessidade de um novo documento concedido pelo comando militar. Inventamos uma nova identidade. Eu mudei o nome para Albert Hermant.

E isso com a cumplicidade do comandante?

Sim. Foi um homem muito compreensivo, percebeu o risco de vida que corríamos caso caíssemos prisioneiros com os nossos documentos alemães e italianos. Podíamos ser presos como traidores. De qualquer modo, foi sem dúvida um homem muito compreensivo, nem todos teriam feito isso. No dia seguinte, os alemães estavam em toda parte. Fui a Bordeaux e no caminho encontrei um soldado alemão que me disse para ir ao campo dos prisioneiros, porque eles não tinham tempo de vir me apanhar para me levar lá. Em vez de ir para o campo, tentei escapar da zona em que o exército alemão estava penetrando. Fui a Nîmes, no sul da França, onde tinha uns amigos e consegui a dispensa e os novos documentos de identidade como civil. Em vez da certidão de nascimento, normalmente exigida para a entrega da carteira de identidade, podia-se também ter um *certificat de vie*, um atestado de vida, em que simplesmente o prefeito declarava que *"Monsieur Hermant est vivant pour s'être présenté devant nous"* ("O senhor Hermant está vivo por ter se apresentado diante de nós"). Então pensei que passaria a guerra nessa nova condição,

42 *Albert O. Hirschman*

permanecendo talvez em Nîmes, mas ouvi falar de Marselha, das pessoas que ali se reuniam, da possibilidade de sair da França. Por isso, fui a Marselha. Uma das primeiras pessoas que encontrei foi exatamente Varian Fry, que havia chegado recentemente com a tarefa de tirar da França os refugiados antifascistas e antinazistas que corriam maior risco. Fry foi enviado à Europa por um comitê formado em Nova York sob a influência dos sindicatos e de alguns professores da New School que eram refugiados políticos. Entre os italianos, havia Max Ascoli. Além disso, havia muitos franceses e alemães e outras pessoas que se davam conta do risco que corriam os antinazistas depois do armistício entre a França e a Alemanha. Uma das cláusulas do armistício obrigava o governo francês a extraditar para a Alemanha os cidadãos estrangeiros que os alemães exigiam. Existiam muitos refugiados alemães famosos, como Hilferding, Heinrich Mann, Breitscheid. Fry veio, portanto, para a França pensando em conseguir levar a termo rapidamente sua missão. Ao contrário, porém, teve de deter-se lá por um ano e meio, até ser expulso. Eu tinha me tornado um estreito colaborador seu. Toda essa história está muito bem contada no livro *Assignment: Rescue*, do qual já falamos.

O senhor foi também para a Espanha, visto que grande parte dessas operações se desenvolvia nos Pireneus, não é mesmo?

Sim, eu procurava arranjar maneira de expatriar essas pessoas. O problema principal era conseguir o visto, para algum destino ultramar (Estados Unidos, Brasil, China) e obter um visto de trânsito para a Espanha e Portugal.

A moral secreta do economista 43

Como era absolutamente impossível receber um visto de saída da França – um *visa de sortie* –, porque os franceses não os concediam, estávamos presos lá. Por isso, era necessário sair ilegalmente da França e entrar imediatamente, e de modo legal, na Espanha, mas sem permanecer lá. Se isso acontecesse, era-se considerado imigrante ilegal. Tratava-se de alcançar a fronteira espanhola evitando o posto de fronteira francês. Alguns, infelizmente, se perderam e foram presos na Espanha. Franco Venturi teve esse destino. Foi mandado de volta para a Itália pelo general Franco e depois colocado na prisão.

Eu colaborava na organização dessas expatriações, procurando travessias alternativas na fronteira. Um desses percursos passava por Toulouse, mas não funcionou muito bem. No fim, a via do Mediterrâneo resultou a melhor. Tinha uma série de encargos determinados por Fry. Tinha de obter vários vistos falsos da China, estava encarregado de uma série de atividades ilegais. A polícia me identificou e começou a investigar a meu respeito. Lembro-me de que uma noite voltei de uma viagem e Varian Fry me disse que a polícia tinha vindo me procurar. Aconselhou-me a não voltar sequer ao hotel e deixar logo o país. Mandei uma pessoa para retirar as minhas coisas e fui embora. Era dezembro de 1940.

Quem vocês conseguiram ajudar dentre os intelectuais em fuga?

Muitas pessoas. Eu trabalhei com Fry por seis meses, mas ele continuou a desenvolver essa atividade ainda por muito tempo, e cerca de duas mil pessoas conseguiram emigrar. Entre elas, Hannah Arendt e seu marido Heinrich

Blücher, que eu já conhecia. Ele tinha cortejado Úrsula por um certo período e éramos muito amigos.

Conservou-se essas relações depois?

Estranhamente, nem tanto. Mais tarde, quando me tornei economista, viajei muito e não me relacionei mais com ninguém. Um dia, porém – era 1958 e ensinava na Columbia University –, caminhava pela Columbus Avenue e vi uma pessoa que parecia conhecer-me: era Heinrich Blücher.

Como era organizada materialmente a atividade no Emergency Rescue Committee?

Houve diversas fases. Num primeiro momento, Fry dirigia a organização do seu quarto de hotel. Depois, começaram a chegar muitas pessoas, e ele decidiu abrir um escritório com alguma proteção, que nos permitiria oferecer também um suporte material, visto que muitas dessas pessoas não tinham meios para viver. Era analisada detalhadamente a situação das pessoas que se apresentavam, conversava longamente com elas. Todas diziam sempre que se encontravam em perigo. O problema era que o Comitê não conseguia dar conta de todas essas situações de emergência, não tinha dinheiro suficiente, nem a possibilidade de obter visto para todos. Por isso, na América, o comitê era muito criticado pelo seu suposto caráter elitista, e foi acusado de ajudar somente as pessoas importantes. Na realidade, eram as pessoas mais visadas, as que se encontravam efetivamente em situação de maior risco.

2 Os anos americanos

Então, em dezembro de 1940, o senhor trocou a Europa pela América...

Sim, decidi que também para mim havia chegado a hora de partir. Atravessei a pé as montanhas com outras duas pessoas, uma delas, por acaso, descobri que era um médico amigo de meu pai, em Berlim. Eu não o havia mais visto desde então. Fui a Berkeley. Nos anos precedentes, tinha trabalhado em Paris com um economista neozelandês, Jack Condliffe, que havia trabalhado na Sociedade das Nações. Eu tinha participado de um projeto de pesquisa e escrito um relatório sobre o *Contrôle des changes en Italie* [*Controle do câmbio na Itália*]. Na França, eu tinha me tornado uma espécie de especialista em economia italiana. Condliffe teve uma boa impressão de mim e de meu trabalho. Quando soube que estava em Marselha em uma situação de risco, ajudou-me a conseguir uma bolsa de estudo da Fundação Rockefeller, que foi decisiva para que eu obtivesse o visto americano. Uma coisa engraçada aconteceu comigo. Entre as minhas tarefas no Comitê, eu tinha de manter contato com o cônsul americano para obter vistos de entrada para os Estados Unidos. O cônsul, um dia, me perguntou: "Eu tenho aqui um visto para um tal de Albert Hirschmann. Você o conhece?", e eu: "Sim, acho que realmente o conheço!". Disse-me que queria acreditar em mim, mas que tinha necessidade de uma prova. A minha certidão de nascimento estava guardada em um baú, com as minhas coisas, que eu havia deixado no hotel em Paris. Para mim, naquele momento, era impossível voltar para lá. Mas, naquela época, havia pessoas que por uma certa quantia em dinheiro estavam dispostas a ir a Paris e voltar bem depressa. Paguei e, com a minha certidão em mãos, pude obter o visto americano. Condliffe, o economista neozelandês, tinha se tornado, nesse meio tempo, professor de Economia internacional em Berkeley. Dirigia então um grande projeto de pesquisa, em que eu comecei a colaborar. Era um verdadeiro cavalheiro. Pediu-me apenas para desenvolver algumas idéias no campo econômico-político. Trabalhava conosco também Alexander Gerschenkron. Dividíamos o mesmo quarto. Naquele período, ele escreveu *Bread and Democracy in Germany* [*Emprego e democracia na Alemanha*], e eu escrevi o meu primeiro livro, *National Power and the Structure of Foreign Trade* [*Poder nacional e estrutura de comércio exterior*].

Em que ano alistou-se no exército americano?

Dois anos depois. Cheguei em janeiro de 1941 e me alistei em março de 1943.

E quando recebeu a cidadania americana?

Durante o serviço militar. Foi então que me tornei Albert Hirschman, escrito somente com um "n".

O que o levou a se alistar?

Era a única coisa que os estrangeiros podiam fazer naquele tempo. Para mim, então, como alemão, não digo que, de outra maneira, me caberia o campo de concentração, mas teria, sem dúvida, de me submeter a algum tipo de privação da minha liberdade.

Quando o senhor partiu, já estava casado?

Sim. Como eu já falei, passei os primeiros dois anos na América como civil. Foi naquele período que encontrei Sarah, em Berkeley, e logo depois, em junho, nos casamos. Eu tinha 26 anos e ela, vinte. Ainda tinha de terminar os estudos. Quando me alistei, decidimos ter um filho. Ela se encontrou comigo em Washington, onde a primeira menina, Katia, foi concebida, em 1943. Eu parti no fim daquele ano e permaneci fora por quase dois anos. A outra filha, Lisa, nasceu em 1946.

E para onde foi? Para o front*?*

Primeiro fui mandado para o Norte da África e para a Itália. Em Argel, encontrei um grupo de antifascistas italianos e intelectuais franceses, entre eles a esposa de Albert Camus. Eu tinha gostado muito de *O estrangeiro* e *O mito de Sísifo*. Ela me deixou muito feliz ao comentar que eu parecia um pouco com seu marido! Na Itália, fiz parte de uma unidade do Office of Strategic Services (OSS). Estávamos em contato com os *partisans* que estavam atrás das linhas de combate e os ajudávamos.

Conseguiu manter contatos com Úrsula naquele período?

48   *Albert O. Hirschman*

Não, ou melhor, somente de vez em quando recebia algumas cartas. Ela e Eugenio foram transferidos de Ventotene para Melfi. Posteriormente, entrou o governo Badoglio, e eles deixaram Melfi. Depois disso, em 1944, soube da morte de Eugenio. Eu ainda estava em Argel, e recebi a notícia do grupo de italianos que havia encontrado. Para mim, foi uma notícia terrível. Percebi que ele era a pessoa que mais havia contado na minha vida. Úrsula foi para a Suíça com Altiero, em 1944.

No fim da guerra, o senhor se encontrava ainda na Europa?

Sim, permaneci lá até o fim de 1945. Estava sempre na unidade de contra-espionagem. Havia ainda muitas coisas a serem feitas por nós no fim da guerra. Por exemplo, fui intérprete em um processo contra um general alemão, um dos primeiros processos contra os criminosos de guerra. Ele tinha mandado fuzilar alguns americanos de uniforme que haviam sido capturados pelos alemães. Esse ato era contra as disposições da Convenção de Genebra. O processo desenrolou-se em Roma. Depois do fim da guerra, passei ainda seis meses em Roma. Naquele período, vi Úrsula com freqüência. Lembro que ia passear pela cidade com o meu *jeep*, sentindo-me um galhardo soldado americano.

O senhor também passeava com os pacotes de chocolate...

Sim, e como! E tenho ainda as fotografias das filhas de Úrsula dentro das grandes caixas de papelão dos cigarros Camel!

E qual era o seu grau militar?

Ah! Era muito baixo. Eu era um simples sargento.

Sua esposa estava nos Estados Unidos e o senhor, na Europa. Estava convencido de querer viver na América?

Eu diria que, naquele momento, parecia-me a única atitude sensata. Obviamente, tudo era possível: Alemanha, França, Itália. Mas eu era, afinal, um cidadão americano, com plenos direitos. Lá eu tinha uma família, uma esposa, uma filha. Estava começando uma carreira nos Estados Unidos, tinha publicado há pouco tempo o meu primeiro livro e começava a receber os primeiros reconhecimentos pela minha atividade como economista. Além disso, os Estados Unidos, naquele momento, eram verdadeiramente uma superpotência. Eu havia sofrido tantas derrotas em minha vida que estava muito contente de, por uma vez, estar do lado dos vencedores!

De fato, em 1946, o senhor recebeu uma importante função do Federal Reserve Board. Também no âmbito desse trabalho havia uma forte ligação com a Itália...

Sim, é verdade. Gerschenkron, que já estava no Federal Reserve, convidou-me a associar-me. Há um artigo escrito naquele período, que Luca Meldolesi ainda não publicou na Itália (acredito ser o único que lhe tenha escapado), sobre os meios e os caminhos a serem seguidos para a reconstrução na Itália e na França. Procurava ser um economista técnico... Tinha contatos muito freqüentes com Egidio Ortona, que era adido econômico na embaixada italiana, e com Pierre Ledoux, que tinha a mesma função na

50 Albert O. Hirschman

embaixada francesa e, além disso, tinha estado comigo na École des Hautes Études Commerciales, entre 1933-1935.

Qual era, naquele período, a discussão em curso nos Estados Unidos sobre a postura geral do Plano Marshall?

Bem, não havia dúvida de que o Plano Marshall era uma grande invenção (por estar também convencido disso, retornei aos Estados Unidos no fim da guerra). Vi favoravelmente a política americana pós-guerra. Tinha estima por muitas pessoas empenhadas na elaboração e na gestão do Plano Marshall e achava que as novas linhas políticas e econômicas eram levadas adiante de maneira inteligente e com novas formas, nunca experimentadas antes. Gostava muito do conceito de *"large-scale grant-giving"*, a doação em larga escala. Era uma idéia original, como foi depois salientado insolitamente por um intelectual francês da época, Georges Bataille, em *La part maudite* [*Parte maldita*]. Representava também um novo tipo de relação entre as nações, uma relação difícil de ser realizada, em parte tornada historicamente possível pela ameaça soviética (que, enquanto isso, se fazia mais presente, materializando-se em países como a Tchecoslováquia e outros). Porém, essa não foi a motivação original. A razão mais profunda do Plano acredito que tenha sido precisamente o desejo de um reforço da democracia européia, ao lado da idéia, a meu ver igualmente importante, de uma democracia atrelada a um processo de unificação européia. Os Estados Unidos faziam uma forte pressão para que a Europa elaborasse uma política comum. Isso fez que, em várias ocasiões, eu colaborasse com Altiero Spinelli. Foi uma colaboração também estreita. Quando ele esteve aqui, eu o pus em contato com diversas pessoas.

Para vocês que trabalhavam no Plano Marshall, era mais importante agir por meio dos governos nacionais, procurando, portanto, encontrar uma forma de acordo entre vocês e esses governos, ou perseguir, de modo direto, os resultados que se propunham?

O meu raio de ação era, naturalmente, muito limitado, mesmo porque eu, como economista, não fazia parte da cúpula. Todavia, exercia certa influência, por ser membro de vários comitês organizativos, em Washington, compostos por representantes do Departamento de Estado, da Agência do Plano Marshall (instituída em 1948), do Ministério do Comércio, do Tesouro e do Federal Reserve Board, que era representado por mim. Procurávamos elaborar planos *ad hoc*, e eu me ocupava das minhas tarefas. Mais tarde, por volta de 1950, estive muito empenhado na organização da European Payments Union (a União Européia dos Pagamentos), surgida precisamente em 1950. Além disso, fazia parte de uma espécie de *brain trust*, no interior do Plano Marshall, que elaborava novas iniciativas.

Havia também Gerschenkron?

Não. Ele foi ensinar em Harvard já em 1948. Além disso, ele se ocupava sobretudo da União Soviética. Eu, ao contrário, era especializado e tinha contatos diretos com os governos da Itália e da França. Escrevi um artigo que ficou muito famoso, "Inflation and Deflation in Italy" ["Inflação e deflação na Itália"]. O artigo falava da política antiinflacionária de Einaudi. Recebi reconhecimentos especiais do Banco da Itália. Einaudi já havia se tornado presidente e no Banco da Itália estavam Baffi e Menichella. Também na França eu tinha boas relações com o governo. Foi uma

52   Albert O. Hirschman

experiência muito especial para mim ter tanto poder, como representante de uma superpotência, após ter sido um refugiado por tantos anos... De repente, era eu que dizia a eles o que fazer em política monetária!

Naquele período, o senhor vivia em Washington?

Sim, eu vivi lá de 1946 a 1952.

E por que depois foi para a Colômbia?

Fui para lá em 1952. Tive a sensação de que em Washington a coisa estava um pouco esgotada. Vinham sempre à tona as mesmas questões e os mesmos problemas. Prolongava-se a controvérsia sobre a European Payments Union: o nosso ministro do Tesouro era fortemente contrário a ela. No nosso grupo, em contrapartida, éramos a favor da unidade européia e queríamos que os Estados Unidos pusessem dinheiro na União Monetária Européia, como efetivamente aconteceu depois. Abriu-se uma grande polêmica no interior do governo e, pelo meu envolvimento direto, entendi um pouco como são decididas as políticas públicas neste país. Esse tipo de conflito não dava sinais que fosse desaparecer e, num dado momento, me cansei de tratar sempre dos mesmos temas. Nesse meio tempo, meu interesse estava se voltando para outros problemas, aos quais até aquele momento não havia dedicado suficiente atenção, como o da decolagem econômica dos países menos desenvolvidos. Em 1952, delineou-se para mim a oportunidade de ir à Europa, sempre em conexão com a União Européia, ou viajar para a Colômbia como conselheiro econômico, e eu optei por esse segundo caminho, porque era um caminho novo. Naquele momento minha esposa pensou que eu estivesse louco. Ela queria voltar para Paris. Mas algum tempo depois ficou muito contente com a minha escolha.

O que sua esposa fazia na Colômbia?

Não trabalhava, ocupava-se da casa. As meninas eram pequenas, a casa grande, tínhamos dois ou três empregados. Levava uma típica vida de "*señora*", mas aprendeu o espanhol e começou a conhecer "*el ambiente*".

O senhor teve algum problema com a comissão para a repressão das atividades antiamericanas?

Não, absolutamente.

E como organizou o seu trabalho na Colômbia?

Bem, na Colômbia não foi fácil... A situação era estranha, e me dei conta disso somente lá. Havia um novo Consejo de Planificación, um comitê de consultoria para o planejamento, que tinha sido instituído por recomendação do Banco Mundial, o qual mandou uma missão para lá. Mas os colombianos disseram: "Se vocês quiserem que organizemos um conselho para o planejamento, então mandem-nos um economista que possa aconselhar o conselho". O Banco procurava alguém, foi citado o meu nome, eu estava pronto para partir, e parti. Nunca fui empregado do Banco, mas tive um contrato direto com o governo colombiano por dois anos. Quando venceu, não o renovei, mas decidi ficar na Colômbia, de qualquer modo. Aqueles dois anos tinham sido muito cansativos. Havia ocorrido o golpe do general Rojas Pinilla. Sentia-me um pouco frustrado. Além disso, tinha entrado em conflito com outros consultores americanos que nos tinham alcançado, especialmente com um, Lauchlin Currie, um canadense que tinha feito

54 Albert O. Hirschman

parte do *brain trust* rooseveltiano, um homem de grande inteligência. Fazia parte daquela primeira missão do Banco Mundial na Colômbia e decidiu permanecer por lá. Ele, sim, tinha tido problemas com a comissão para as atividades antiamericanas! Foi acusado de comunista e decidiu não voltar para os Estados Unidos. Acho que ele ainda está lá, deve ter uns noventa anos. De qualquer modo, na época, nós dois não estávamos de acordo.

O Banco Mundial mandou outra pessoa que, a meu ver, tinha uma idéia muito rígida sobre como se devia organizar o planejamento naquele país. E depois, no governo colombiano, imperava um estado geral de destruição que tornava todo o trabalho difícil. Apesar de todos esses problemas, eu tinha feito alguns bons contatos e desenvolvido um bom trabalho, e era estimado por muitas pessoas. Então, decidi permanecer e abrir meu escritório de consultoria. Pendurei do lado de fora a placa: "Albert Hirschman. Consultor econômico e financeiro".

Inicialmente, trabalhei muito para empresas e bancos e também para órgãos públicos que tentavam uma expansão e procuravam financiamentos e empréstimos com o Banco Mundial. Depois, comecei a ter como clientes empresas privadas para as quais fazia pesquisas de mercado e outras. Tinha também um sócio e alguns funcionários.

Um dia, recebi um convite para participar de uma conferência sobre o desenvolvimento econômico, organizada pelo Massachusetts Institute of Technology, em Cambridge. O MIT era um dos maiores centros de pesquisa sobre desenvolvimento. Faziam parte dele Max Millikan e Walt Rostow. Eu apresentei um relatório sobre o tema do desenvolvimento econômico que suscitou muito interesse.

A moral secreta do economista   55

As pessoas começaram a prestar atenção em mim. Dois anos depois, recebi uma carta em que era convidado a passar dois anos na Yale University para escrever sobre a minha experiência. Quase todos meus amigos do período do Plano Marshall haviam se tornado professores universitários – alguns em Yale – e queriam "salvar-me" dos Trópicos. Fui para Yale com a idéia de voltar à Colômbia no ano seguinte, visto que ainda tinha alguns contratos pendentes. Mas permaneci em Yale ainda um ano, para terminar de escrever *The Strategy of Economic Development* [*A estratégia do desenvolvimento econômico*]. Minhas filhas tinham de decidir em que escola se matricular. Enquanto isso, comecei a receber propostas de várias universidades e, finalmente, recebi uma oferta interessante da Columbia University, que aceitei.

Então, o senhor foi primeiro para a Columbia, depois para Harvard e, finalmente, para o Institute de Princeton?

Sim, exatamente.

Um pequeno passo atrás com relação aos anos de ensino nas grandes universidades. Como se arranjou, do ponto de vista da experiência humana, da vida cotidiana, na América Latina?

Diria que me adaptei bem, mesmo sendo muito crítico em relação a alguns aspectos daquela vida e daquela mentalidade. Achava inteligentes as pessoas com as quais trabalhava, havia feito novas amizades e tinha a sensação de que o meu trabalho servia para alguma coisa. Havia, ali, um grupo de pessoas muito interessantes, que tinham idéias inovadoras sobre a cooperação entre empresas privadas e órgãos públicos. Encontrei-me, num dado mo-

56   *Albert O. Hirschman*

mento, seriamente envolvido na tentativa de iniciar uma Autoridade Regional, no modelo daquela do Vale do Tennessee. Naquele tempo, era muito difundida a idéia de constituir um órgão multifuncional que dispusesse sobre a irrigação, a energia elétrica, e um pouco também sobre a reforma agrária. Foi uma experiência estimulante e rica, com aspectos inovadores, um trabalho verdadeiramente interessante. Aquele tipo de trabalho me deu a sensação de começar a conhecer em profundidade a realidade daquele país e me fez entrar em contato com muitas pessoas. Enfim, não me acontecia mais ir ao aeroporto para tomar um avião sem encontrar este ou aquele ministro que conhecia pessoalmente. Foi uma experiência agradavelmente insólita para uma pessoa jovem como eu era então. O aspecto positivo disso tudo estava também muito ligado à sensação que eu tinha de que o país estava se movendo em alguma direção. Não quero negar com isso os grandes problemas que a Colômbia estava atravessando – não se deve esquecer de que havia uma guerra civil em curso –, mas, de qualquer forma, tínhamos a sensação de que o país estava dando passos para a frente.

Ao retornar aos Estados Unidos, em 1956, o senhor interrompeu as relações com os países da América Latina?

Não, pelo contrário. Enquanto estive na Colômbia, viajei pouco. Fui somente ao Equador e à Venezuela. Quando recebi o encargo do Ministério do Comércio americano – previsto em um dos meus contratos – de escrever um manual sobre a América Central, passei a viajar para muitos países da região, permanecendo de duas a três semanas em cada um deles para recolher material. Depois, voltei a Bogotá para escrever o livro. Talvez não fosse um conhecimento verdadeiramente profundo, mas, quando retornei aos Estados Unidos, era provavelmente um dos economistas que haviam passado mais tempo nessa parte do mundo e que, portanto, a conheciam melhor. Tornei-me famoso porque, com a Revolução Cubana e a subseqüente explosão de interesse sobre aquele país, estive entre os especialistas mais procurados e interpelados. Foi-me solicitado também a entrar no *staff* de Kennedy, mas eu estava escrevendo outro livro e não queria interrompê-lo.

Mas o que o senhor pensava de Cuba? Qual foi a sua postura com relação à revolução?

Numa primeira fase, muito positiva. Não conhecia diretamente a realidade daquele país, no qual nunca tinha estado. Porém, era amigo do presidente do Banco Central de Cuba, Felipe Pazos, que no início estava com Fidel. Mas durou pouco. Ele foi obrigado a partir um ano depois. Portanto, eu tinha as minhas dúvidas sobre a justeza da linha política cubana e sobre o entusiasmo com o qual Fidel Castro tinha abraçado a linha soviética. Fidel veio a Nova York, na Columbia University, e tivemos uma discussão, mas não foi muito interessante. Meu empenho teórico, naqueles anos, concentrou-se na análise de como os Estados Unidos podiam começar a desempenhar um papel positivo na América Latina, que possibilidades havia para levar em frente certas reformas. Exatamente dessa óptica, pus-me a escrever o meu segundo livro sobre o tema do desenvolvimento, *Journeys Toward Progress*, que era fundamentalmente uma tentativa de entender como as reformas podiam ser realizadas nesses países. Os americanos, a meu ver, tinham uma visão muito ingênua, formulavam propostas excessivamente categóricas e aprioristas.

58 *Albert O. Hirschman*

Desde o começo o senhor teve opiniões divergentes com o Banco Mundial...

Sim, tinha tido divergências com o Banco Mundial por causa da sua insistência sobre o planejamento que, em termos práticos, eu achava irracional. Mas depois, em 1959, após a eclosão da Revolução Cubana, muitos começaram a sustentar que o único modo de prevenir outras revoluções era realizar uma política de mais amplo espectro, dando logo encaminhamento a um ciclo de grandes reformas, sobretudo agrárias. Eu tinha muitas dúvidas, achava essas idéias no mínimo simplistas. Antes de tudo, queria entender como as reformas estavam verdadeiramente se realizando na América Latina. Então, pus-me a estudar seriamente a história da *policy-making* e das reformas naquela parte do mundo. Foi o que procurei fazer no meu *Journeys Toward Progress*, em que, pela primeira vez, fiz um trabalho mais de cientista político do que de economista.

O senhor disse há pouco que o presidente Kennedy lhe havia pedido para entrar no seu staff *e que o senhor não pôde aceitar.*

Sim, eu tinha começado a escrever o livro sobre a América Latina, razão pela qual já havia feito a minha viagem de estudos e recolhido todos os materiais. Fui convidado em Washington por um dos conselheiros de Kennedy, Richard Goodwin, que era encarregado de acompanhar as relações com a América Latina. Passamos juntos um dia na Casa Branca discutindo essas coisas. Ele me perguntou se eu queria entrar na operação "América Latina", mas decidi que não queria voltar outra vez para Washington, mesmo porque eu e minha família já tínhamos nos estabelecido em Nova York há apenas dois anos, depois de termos ficado certo período em Yale. Mudar novamente seria uma dura prova para o equilíbrio familiar.

Mas qual era a sua avaliação sobre a política kennediana?

Escrevi um artigo a propósito – curiosamente ainda não publicado em italiano por Luca Meldolesi – em que criticava a política norte-americana em relação à América Latina. O artigo se intitulava "Second Thoughts on the 'Alliance for Progresss'" ["Segundas intenções na 'Aliança para o Progresso'"] e foi publicado no semanário *The Reporter*, dirigido por Max Ascoli, com o qual eu mantinha contato desde os velhos tempos. Tratava-se de uma crítica muito dura ao ativismo e ao otimismo simplista de Kennedy em relação à América Latina. A mensagem que, no fundo, deixava transparecer era: "Deixem-me em paz, porque eu não estou de acordo com a linha política de vocês". Ao contrário, surtiu o efeito oposto. A minha crítica agradou e despertou muita curiosidade. A reação foi: "Nós gostamos da sua crítica. Explique-nos melhor".

De qualquer modo, de 1956 em diante, o senhor direcionou as suas energias essencialmente para as pesquisas e o ensino acadêmico.

Na realidade, até 1968, continuei a me ocupar dos problemas do desenvolvimento econômico, até escrever *Exit, Voice, and Loyalty* [*Saída, voz e lealdade*], tratando de assuntos mais gerais ligados a ciências sociais, economia e política. Esse alargamento do campo problemático nasceu de uma experiência feita na Nigéria, em 1956, por uma

60 *Albert O. Hirschman*

observação empírica. Mas, acima de tudo, eu diria que derivou da minha experiência de vida, pois tive de me confrontar várias vezes com a questão "defecção/protesto".

É um assunto que tem fortes ligações com a sua trajetória de vida...

Sim, mesmo não estando tão consciente disso quando escrevi esse livro. Percebi melhor depois.

O senhor foi também consultor de Allende? Que tipo de relações tinha com o Chile?

Com Allende tive relações somente indiretas, através de um ex-aluno de Harvard, um socialista muito inteligente e que eu estimava muito, que tinha estreitas relações com Allende. Quando eu ia ao Chile, conversava sempre com ele.

Parece que, entre o fim dos anos 50 e o início dos anos 60, houve um momento em que o senhor tomou distância da política. É uma impressão correta?

Não, não diria que é assim. Para compreender realmente as minhas idéias sobre a América Latina, deve-se ler um artigo que escrevi no Chile, em 1967, durante uma longa viagem de pesquisa, que me levou ao Brasil. O artigo, que considero um dos meus melhores, ou pelo menos um dos mais divertidos, intitula-se "Underdevelopment, Obstacles to the Perception of Change and Leadership" ["Subdesenvolvimento, obstáculos à percepção da mudança e liderança"]. No Chile, realmente, haviam-me pedido para escrever sobre o tema dos "obstáculos à mudança" na América Latina. Era um pensamento muito

A *moral secreta do economista* 61

difundido de que havia um obstáculo fundamental à mudança: a estrutura agrária. Naquele ponto, eu disse a mim mesmo: "Não, não escreverei sobre os obstáculos à mudança, mas sobre os obstáculos à *percepção* dela". Tinha muitas idéias a respeito e as escrevi. O artigo, publicado originariamente na revista *Daedalus*, está agora na coletânea *A Bias for Hope* [*Uma insistência na esperança*]. Procurei, pela primeira vez, dirigir-me diretamente aos intelectuais da América Latina e explicar no que, a meu ver, eles erravam, ou seja, na falta de percepção da realização da mudança. Criei um termo em espanhol para esse tipo de postura: "*fracasomania*". Em seguida, mantive um diálogo intenso com os intelectuais sul-americanos. Não sei se esta é realmente uma resposta à pergunta sobre o empenho político.

Pode-se dizer, porém, que na sua vida sempre houve essa tendência, talvez um pouco conflitiva, entre a militância política, de um lado, e o trabalho intelectual, de outro. Enfim, o senhor diria que uma das duas tendências prevaleceu sobre a outra?

Não, toda a minha vida se desenrolou entre as duas. Nunca renunciei completamente, por exemplo, a procurar novas soluções para os problemas políticos, para os desafios do momento. Acredito que isso transpareça claramente também no meu último livro, *The Rhetoric of Reaction* [*A retórica da reação*].

Atualmente, o senhor está retornando aos problemas do mercado e das relações entre mercado e democracia. Também neste caso o seu empenho de estudioso é um empenho político. Pretende oferecer uma contribuição à pesquisa de novas soluções nesse campo?

Sim, pelo pouco que estou me ocupando disso. Escrevi um artigo recente, publicado na revista *Il Mulino*, intitulado "Retorica rezionaria, retorica progressista" ["Retórica reacionária, retórica progressista"], em que há algumas idéias novas sobre o tema.

Nessa longa experiência com planejamento, como especialista econômico e consultor sobre os problemas do desenvolvimento, que vai de 1946-1947 e chega até 1970, existem idéias que permanecem as mesmas, outras que se transformam à luz de certas experiências. Quais permaneceram iguais e quais mudaram?

É muito difícil responder essa pergunta. O que o tempo não alterou são as idéias mais gerais, como um certo conceito de justiça social, a crença na democracia...

E também uma certa propensão ao otimismo?

Sim, ou melhor, uma antipatia pelos diagnósticos uniformes demais e unilaterais. Sempre tive certa aversão pelos princípios gerais e pelas prescrições abstratas. Eu acho que é necessário "examinar o paciente" antes de poder entender o que ele tem, e com uma espécie de "lanterna empírica". É fundamental a compreensão das peculiaridades, das especificidades e também dos caminhos insólitos.

E as coisas sobre as quais mudou de idéia?

Sou muito aberto a novas experiências. Sei muito bem que o mundo social é bastante variável, está em contínua mudança, que não existem leis permanentes. Acontecem coisas de maneira inesperada, instauram-se novas relações de causalidade. Naquele artigo que retoma alguns pontos tratados em *The Rhetoric of Reaction*, retorno ao fato de que o pensamento progressista utilizou certos argumentos típicos da retórica reacionária – uma idéia pela qual eu recebi muitas críticas. Nesse artigo falo, a certa altura, de um "escrito auto-subversivo". E tenho a sensação de que isso pode se tornar para mim um tema mais geral, porque, mesmo tendo feito isso quase sempre, com a idade, envelhecendo, é possível que as únicas idéias novas sejam aquelas que contradizem as velhas!

Portanto, o senhor quer se auto-subverter?

Sim. Essa auto-subversão foi, devo dizer, um traço contínuo da minha personalidade. Muitas vezes, na vida, ocorreu-me retomar e reexaminar as mesmas idéias e descobrir que me levavam a novos caminhos, e aí encontrei sempre novas vielas e novas esquinas. É precisamente o que me aconteceu com o esquema "exit/voice". Na história alemã recente, verificou-se uma conjugação, aliás, uma cooperação desses dois elementos, defecção e protesto. Na minha formulação original, ao contrário, os dois se excluíam reciprocamente (quando há defecção, há menos protesto, e vice-versa). A minha teoria foi criticada por um estudioso alemão, que afirmou que os acontecimentos da Alemanha Oriental contradizem abertamente o meu esquema. E é assim, de fato. Isso me deu a oportunidade de repensar os termos do discurso e mostrar como e por que não pude prever na época o que hoje é perfeitamente possível explicar. Porém, foi necessária a história para nos ensinar isso. De resto, também com relação ao problema do desenvolvimento econômico, tive momentos de auto-subversão.

64 Albert O. Hirschman

Retornemos por um momento às suas relações com a universidade. Quais diferenças encontrou entre os ambientes acadêmicos americanos e os europeus?

Bem, eu não tenho muita experiência da vida universitária. Permaneci muito solitário na Europa e também aqui, na América, sempre tive uma posição isolada. Na Europa, minha formação, como disse, foi muito caótica. Um ano ou dois em Paris, um em Londres, um e meio em Trieste. Nunca vivi continuamente em nenhum ambiente universitário. Lembro, porém, que o clima reacionário da École des Hautes Études Commerciales suscitava em mim uma sensação mais ou menos similar ao desgosto... Eram os anos 30, e também na França assistia-se à grande ascensão do fascismo. Daquele período mantive somente duas amizades. Não se pode dizer, certamente, que fosse um ambiente aberto, de discussão.

E nos Estados Unidos?

Lá foi diferente. Fiquei dois anos em Berkeley, mas naquele período, mais que tudo, sentia a necessidade de escrever o meu primeiro livro, porque sabia que dali a pouco haveria uma nova mobilização, razão pela qual não participei dos seminários ou da vida do *campus*. Escrever me tomou todo o tempo. Em Yale, sim, participei de vários seminários, mas também ali escrevi um livro com grande determinação. Na Columbia University, ao contrário, havia um clima um pouco diferente. Não existia uma vida de *campus*, como nas típicas universidades americanas: é uma universidade urbana, as pessoas vêm, fazem os seus cursos e vão embora. Todavia, tínhamos constituído um grupo de discussão muito interessante, com cientistas políticos como Sam Huntington, Dankwart Rustow, Daniel Bell, pessoas interessantes. Existia uma ótima troca entre nós, e eu aprendi muito com eles.

Continuou, naqueles anos, a freqüentar o círculo da New School for Social Research?

Não, era apenas amigo de um economista e sociólogo, Adolf Löwe, de origem alemã. Mas, fora da Columbia, tinha poucos contatos acadêmicos em Nova York. Na época, o ambiente acadêmico nova-iorquino era um pouco diferente, não havia ainda o Graduate Center da City University. Em Harvard era outra coisa, havia uma vida de seminários muito intensa, talvez demais... Ali, quando se toma a palavra nos seminários, pensa-se que se está fazendo história intelectual somente pelo fato de ter aberto a boca! De qualquer modo, participei de muitos seminários. Lembro-me de que um dos mais interessantes foi aquele dirigido por Sam Huntington e por Myron Weiner sobre o desenvolvimento político e econômico, um seminário que se reunia cerca de uma vez por mês. Havia muitas outras ocasiões de falar. Tinha contatos com diversos economistas heterodoxos, pessoas como Leibenstein, com quem eu falava de economia e desenvolvimento.

Como o senhor reagiu ao movimento estudantil de 68?

Bem, eu não era nem entusiasta nem tão desesperado como muitos. Por exemplo, Gerschenkron, que tinha sido um social-democrata, tornou-se um ferrenho opositor do movimento. Eu via nele algumas formas inaceitáveis de comportamento, mas, no todo, configurava-se como uma espécie de renovação de energias sociais, uma expressão da vontade de mudança. Talvez o movimento fosse um pouco imaturo em alguns aspectos, mas eu considerava importante a sua exigência de não aceitar tudo. Eu o vivi um pouco de longe também porque o ano crucial, 1968-1969, eu passei no Center for Behavioral Sciences de Stanford, onde escrevi *Exit, Voice and Loyalty*. No capítulo sobre a América há, de fato, um reflexo do movimento. Falo de maneira muito positiva do surgimento do *black power* como uma forma de "voice" em vez de "exit". Encontrava-me na feliz situação de não ter de tomar uma posição clara... De outra forma, não sei o que teria feito.

E o que pensa dos movimentos de hoje nas universidades americanas, do "politicamente correto"?

Também ali existem, provavelmente, muitos excessos, como a posição de Jeffreys, em Nova York – não agradável, pelo contrário... Porém, o uso pejorativo da expressão "politicamente correto" lembra-me a esquerda quando falava dos "bem-pensantes", escarnecendo assim de uma certa postura dos conservadores. É a mesma coisa que se faz hoje quando, para ridicularizar uma certa esquerda, fala-se de "politicamente correto".

Nos anos 70, a história, e a história do pensamento europeu moderno, parecia estar novamente no centro da sua atenção. The Passions and the Interests [Paixões e os interesses], por exemplo, retoma o discurso sobre alguns temas clássicos da teoria política. Como chegou a esse tipo de redescoberta após uma experiência de vinte anos como economista do desenvolvimento?

Talvez porque, nesse tempo, o desenvolvimento conheceu problemas enormes. Na América Latina (Brasil, Argentina, Chile), sucederam-se por muitos anos regimes autoritários, e eu pensei que houvesse necessidade de entender

A moral secreta do economista   67

melhor as razões do nascimento da democracia e a que esperanças e perspectivas estava vinculada. Sempre tive interesse pela história das idéias e do pensamento. Vê-se isso desde o meu primeiro livro, *National Power and the Structure of Foreign Trade*. Talvez esse interesse esteja em parte ligado a algumas idéias que havia elaborado sobre o desenvolvimento econômico, sobretudo a das conseqüências inesperadas da ação humana. Tinha ficado muito impressionado com algumas idéias de Montesquieu e de Sir James Stuart, que eu tinha "encontrado" então. A meu ver, tinham muitos pontos em comum. *The Passions and the Interests* era, no fundo, uma tentativa de investigar qual era a matriz dessas idéias – a idéia de que o comércio influencia a sociedade levando as pessoas a serem *doux* (cordatos), daí a *douceur du commerce* (a cordialidade do comércio), ou a de Sir James Stuart, segundo a qual uma sociedade de mercado limitaria as possibilidades do soberano de agir de modo arbitrário. Idéias, em suma, sobre o modo substancial como certas formas de vida econômica podem modificar o comportamento do príncipe e dos cidadãos. Esses pontos de conexão entre política e economia pareceram-me originais, profundos. Queria entender sua raiz, as origens, a proveniência. Portanto, eu não definiria a minha atitude tanto como um retorno à história, mas como a busca da conjunção entre política e economia. No passado, muitos pensadores tinham começado a estabelecer essa conexão para depois, de repente, se tornarem incapazes de aprofundar a reflexão sobre elas. Queria reabilitar essa linha de pensamento, que era tão errônea, em certo sentido, mas permanecia genial. E, além disso, a idéia deles não estava sequer cem por cento errada. Simplesmente, existiam outras forças que puxavam em sentido oposto. Quando um estudioso estabelece uma conexão que, em seguida, resulta não ser de todo verdadeira, isso não significa que ele esteja inteiramente errado. Pode querer dizer que errava só em cinqüenta por cento (ou também em quarenta e nove), porque, enquanto metade das forças trabalhava em um sentido, outras trabalhavam no oposto, resultando vencedoras.

3 Palavras-chave

Não apenas a sua maneira de pôr os problemas, mas a sua própria experiência de vida parecem girar em torno de uma série de nódulos conceituais, que se encontram na sua experiência de pesquisa. Esses conceitos, essas palavras-chave talvez possam nos ajudar a percorrer, de um outro ângulo, o itinerário de vida que examinamos até aqui. Pensemos, em particular, em "exit/voice", "trespassing" (mudança de território), "fracasomania", "bias for hope", "commitment to doubt" (compromisso com a dúvida). Quais foram as ocasiões teóricas e as experiências de vida das quais essas idéias tiveram origem? Comecemos, por exemplo, pelo conceito, tão característico do seu modo de raciocinar, das assim chamadas "unintended consequence", das conseqüências inesperadas.

Nos meus trabalhos, utilizei muito esse conceito das conseqüências inesperadas, sobretudo na análise da mudança possível. Lancei-me também contra o mau uso que faz desse conceito quem o transforma no argumento do efeito perverso, afirmando que a tentativa de realizar determinadas políticas reformistas produz efeitos exatamente opostos. Considero essa argumentação uma traição da idéia das "conseqüências inesperadas", porque anula o "open-endedness" (a abertura em diversas soluções) que o conceito de *per si* introduz, substituindo-o com a previsibilidade e o medo. Por isso, chamo-a de traição. Mas, a respeito dessas palavras-chave e do modo como eu procurei utilizá-las no meu trabalho de pesquisa, gostaria de fazer também uma consideração de caráter mais geral. Algumas delas se referem a conceitos subentendidos no meu pensamento; outras definem conceitos efetivamente explicitados, propostos de maneira mais aberta. Certamente, é difícil fazer uma separação nítida entre os dois tipos, mas convém distingui-los. No caso da díade "exit/ voice", por exemplo, trata-se antes de uma proposta explícita – uma proposta que foi muito bem recebida pelo público e encontrou muitas aplicações. Mas, efetivamente, cheguei a essa "proposta" mais concreta por meio de alguns conceitos fundamentais, que também não estavam explícitos. Muitos escreveram sobre a curvatura mental particular que caracteriza os meus trabalhos. A esse respeito, vocês conhecem, provavelmente, o artigo de Michael McPherson, que foi inserido no *Festschrift*, publicado em minha homenagem. McPherson é um amigo economista, um filósofo-economista do Williams College, uma pessoa de grande inteligência. É um dos editores da revista *Economics and Philosophy*, publicada há sete ou oito anos e que manifestou muito interesse pelo meu pensamento. Além daquele artigo no *Festschrift*, escreveu também o verbete "Albert Otto Hirschman" do *New Palgrave: A Dictionary of Economics*. A propósito da complexidade, McPherson sustenta que, nos meus estudos, ocupo-me sempre de questões que outros não trataram o suficiente. Se alguém proclama uma lei, eu mostro onde e

A moral secreta do economista 71

como essa lei não funciona. Acho que isso é verdade, mas devo dizer também que, de tempos em tempos, sinto necessidade de fazer teorizações abstratas. Ou seja, não sou totalmente "antiteorético". Não me sinto nem de todo contrário à parcimônia, nem totalmente a favor da complexidade – escrevi também alguma coisa sobre isso. Algumas das minhas idéias são essencialmente teorias sobre o desenvolvimento econômico, sobre a importância do desenvolvimento não equilibrado, por exemplo. O mesmo esquema "exit/voice" deriva de um novo modo de olhar a realidade social.

Também quando escrevi o meu último livro, *The Rhetoric of Reaction*, para subdividir e catalogar as argumentações reacionárias, propus uma elaboração teórica original, formulando categorias que não existiam antes. Após ter lido o livro, muitos pensam (e acho isso um fenômeno curioso) que essas categorias sempre existiram, quando, na verdade, elas são fruto da minha formulação teórica. O sucesso de uma teoria está precisamente nisso: de repente, todos começam a raciocinar segundo as novas categorias.

A ilusão de que certos aspectos ou conceitos parecem ter existido sempre deriva, talvez, daquela que é uma das suas qualidades, a capacidade de conseguir falar ao senso comum. É isso que confere àqueles conceitos a aparência de terem estado sempre ali.

Sim, certamente. Por exemplo, a distinção precisa entre futilidade e perversidade nunca havia sido esboçada, pelo menos não tanto a ponto de mostrar que existe uma separação, e muitas vezes uma contradição, entre sustentar que certa política social não permite alcançar os objetivos preestabelecidos e determina, aliás, um efeito oposto, e sustentar que aquela mesma política é vã, não permite chegar a nada. São duas idéias muito diferentes, quase opostas. Portanto, foi importante delinear a diferença entre essas duas categorias. Não se havia feito isso antes, mesmo se agora se fale disso como se essa distinção sempre tivesse existido.

Em um dos meus ensaios inéditos, "A Propensity to Self-Subversion" ["Uma tendência à auto-subversão"], escrevi que me sinto um pouco como a mãe daquela famosa anedota judaica: uma mãe presenteia o filho com duas gravatas; no dia seguinte, o filho põe uma, para agradá-la, e a mãe pergunta-lhe: "Então, você não gostou da outra?". Em outras palavras, a mãe judia sempre culpabiliza. Eu também me sinto um pouco assim quando me dizem que sou eficiente ao colocar em evidência as exceções às teorias e às regras: sou um pouco como a mãe judia da anedota. Pelo contrário, gosto de pensar que tenho os pés em duas canoas e de deter-me nas exceções às teorias, certamente, mas de vez em quando também gosto de construir alguma teoria... Há também uma anedota sobre Albert Einstein que acho divertido contar. Quando ele estava aqui no Institute for Advanced Study, gostava muito de passear nos bosques; uma vez, um admirador lhe perguntou: "Carrega sempre consigo um bloquinho para anotar as idéias que lhe vêm à cabeça?", e Einstein: "Na realidade, eu só tive duas idéias, e que me venha uma terceira agora, em uma breve caminhada, acho muito improvável".

A idéia de *"trespassing"*, para mim, é basilar. Já o meu primeiro livro era um livro de *mudança de território*, da história à história das idéias, à teoria. As tentativas de me confinar em uma área específica me aborrecem. Quando me parece que uma idéia pode ser verificada em outro

A *moral secreta do economista*   73

campo, gosto de me aventurar naquela direção. Penso que isso é um modo simples, verdadeiro e útil de descobrir as coisas "subjacentes".

Já falamos das "conseqüências inesperadas". Eu era muito afeiçoado a essa idéia, mas depois percebi que muitos fizeram um mau uso do conceito; sobretudo, diria, em sentido reacionário. Von Hayek, por exemplo, foi muito competente ao colocar em evidência conseqüências inesperadas. Ele transformou esse conceito em uma espécie de *Weltanschauung*. No artigo sobre as retóricas reacionárias, escrito dois anos antes da publicação do livro, faço referência a um belíssimo escrito de Amartya Sen sobre Darwin, no qual se mostra como, de tempos em tempos, é possível planejar com sucesso. Isto é, nem sempre se é surpreendido pelas conseqüências inesperadas.

O "possibilismo" veio-me em mente durante a redação da introdução ao livro *A Bias for Hope*. Sempre fui contrário às metodologias de alguns cientistas sociais, sociólogos em particular, que olham para aquilo que acontece em cinqüenta países e dessa observação querem deduzir conclusões sobre aquilo que mais provavelmente acontecerá no futuro, para depois, talvez, se encontrarem sem instrumentos de interpretação diante das "importantes exceções", como a de Hitler na Alemanha. É por isso que eu sempre tive antipatia por certas orientações da pesquisa social. Estive sempre mais interessado na ampliação da área do possível, daquilo que pode ocorrer, do que na previsão com base em raciocínios estatísticos, daquilo que é provável que se verifique. A investigação sobre as probabilidades estatísticas de que certos acontecimentos sociais se realizem interessa-me pouco. Interessa-me, antes, descobrir a *possibilidade* de que algumas coisas, boas ou terríveis, se verifiquem. De fato – esse é o meu modo de pensar –, sempre achei que, quando alguma coisa boa acontece, trata-se sempre de uma conjunção de circunstâncias extraordinárias. Por trás de um acontecimento, descobre-se sempre uma série de conjunções completamente inesperadas. Em certo sentido – e escrevi isso várias vezes –, essa é uma concepção leninista. Desse mecanismo Lenin estava bem consciente. No íntimo, era muito diferente de como aparecia nas suas declarações teóricas, nas quais definia as situações revolucionárias como resultado quase mecânico de condições objetivas e subjetivas. Existem, ao contrário, algumas frases interessantes dele a propósito do conjunto dos eventos extraordinários e inesperados que cada circunstância revolucionária exige.

Mas, então, em que sentido o cientista social pode fazer previsões?

Penso simplesmente que, por não ser propenso a previsões, elas não entram nos meus interesses e nos meus impulsos teóricos. Há pessoas que são capazes disso. Basta pensar em Tocqueville. Daniel Bell é um daqueles que cultivam esse *genre*. O meu objetivo não é, de qualquer modo, fazer previsões de tendências. Antes, dedico-me a procurar entender o que é possível que aconteça e a despertar o interesse das pessoas sobre isso. Talvez aqui apareça o meu ativismo, talvez nisso eu ainda seja um militante. Mais do que tudo, estou interessado no conjunto de coisas e de situações necessárias a fim de que coisas boas possam se verificar. Procuro sempre fazer propostas e convencer de que certas coisas são possíveis, e nesse sentido sou um ativista. Em alguns dos meus artigos sobre a

América Latina, escritos nos anos 60, propus a adoção de alguns projetos que talvez fossem um pouco utópicos. Por exemplo, num certo momento, sustentei que os Estados Unidos deviam liquidar os próprios investimentos na América Latina, explicando como desinvestir. Em um momento de grande despertar nacionalista, na América Latina, eu queria que os Estados Unidos respondessem de modo razoável. Tinha sufragado essas propostas com todo um arsenal de detalhes técnicos – como organizar sociedades que se ocupassem do desinvestimento etc. –, mas todos aqueles detalhes eram, obviamente, ridículos. Ninguém sonhava fundar tais órgãos. E, todavia, eu me divertia com os detalhes, como se fosse possível realizar essa política. Tinha a impressão de que, desse modo, a possibilidade da sua realização se tornaria menos remota.

Acredito que, quando se é ativista, não se pode ser bom futurólogo, porque fazer previsões implica uma certa frieza. Portanto, é preciso fazer uma escolha.

Contra a sua idéia de oposição entre complexidade e parcimônia, poder-se-ia objetar que as ciências sociais têm necessidade de ser parcimoniosas, visto que não podem descrever tudo. Como o senhor responderia?

Eu não proponho incluir tudo, mas apenas evidenciar algum fato adicional que poderia tornar a ciência mais realista, melhor. A minha crítica principal é que o grau de parcimônia da ciência econômica é alto demais. Outros estudiosos, como Amartya Sen, sustentaram teses similares. Sen, a certa altura, introduziu o conceito de empenho, *commitment, engagement*, como categoria fundamental que informa muito mais a ação humana do que o puro cálculo racional. Trata-se de uma categoria que não implica querer introduzir tudo. Quando falo de complexidade, pretendo dizer que devem ser levados em consideração alguns fatores que tornam o mundo mais complexo. Mas não se trata de uma escolha entre o tudo e o nada.

E a díade paixões/interesses? Como se desenvolveu?

Também o reconhecimento dessa antinomia constitui uma extraordinária simplificação da motivação humana. É interessante observar como, sobretudo nos séculos XVII e XVIII, as pessoas viam e viviam uma bifurcação entre a contínua busca do interesse e as paixões, que são, ao contrário, impetuosas, fortes e inesperadas. Com *A riqueza das nações*, de Adam Smith, essa contraposição cai, as paixões se confundem com o interesse, até transformar este último em uma tautologia, como expliquei em um artigo, publicado depois de *The Passions and the Interests*, intitulado "O conceito de 'interesse': do eufemismo à tautologia" (o artigo está inserido na coletânea *Rival Views on Market Society* [*Visões rivais na sociedade de mercado*]). No século XIX, foi James Mill que explicou que as pessoas fazem aquilo que preferem, aquilo que é do interesse delas; porém, como escreveu Macaulay, esta não é uma grande intuição. Os economistas prosseguiram nessa estrada, prescindindo da psicologia, e elaboraram a noção de "preferências manifestas". Trata-se de uma idéia típica da teoria econômica contemporânea, que se concentra apenas sobre a resposta do mercado a tais preferências, sem levar absolutamente em conta motivações psicológicas, desejos ou paixões, a racionalidade ou irracionalidade delas.

Também a idéia de "shifting", de oscilação, parece peculiar ao seu modo de argumentar, como se fosse errado querer encontrar a todo custo um asséptico "ponto de equilíbrio" na observação e na prática social e fosse em certo sentido inevitável mudar continuamente, oscilar, modificar a própria colocação...

A maioria dos cientistas sociais procura estabelecer regras sobre o "justo grau" de cada coisa: o grau otimal de envolvimento na esfera do público e do privado etc. Os exemplos são muitos. Eu sempre achei que havia uma oscilação entre baixo e alto grau de envolvimento. Na parte teórica do artigo que mencionei anteriormente sobre como desinvestir na América Latina, há um esboço de teoria a respeito. Sustento aí que, para um país em via de desenvolvimento, é bom conhecer uma fase de abertura na direção dos países mais desenvolvidos, mas que, em um segundo momento, é também positivo fechar-se em si mesmo, fechar as próprias portas ao exterior, pelo menos por um certo período, e desenvolver os próprios recursos, a própria indústria. Olhando o desenvolvimento da América Latina, observei – como resultado das flutuações e conjunturas internacionais, dos *business cycles* – períodos de abertura alternados com períodos de fechamento. Dessa alternância derivaram algumas vantagens, mesmo que ela não possa ser levada muito além, como foi nos anos 30. Existem vantagens tanto em manter um bom fluxo de trocas com o exterior quanto em interrompê-lo. Ambas as políticas podem servir bem ao mecanismo econômico, mesmo se têm efeitos diversos sobre a economia. É assim que me veio em mente a idéia de oscilação, de *"shifting involvements"*, que eu apliquei ao envolvimento do cidadão nos assuntos públicos. Pode-se desenvolver uma teoria, um modelo das fases alternadas de abertura ou de fechamento, de concentração sobre o desenvolvimento autônomo que uma pessoa ou geração atravessa. Provavelmente, pode-se demonstrar, do ponto de vista psicológico e sociológico, como essa oscilação, se não ultrapassa certo limite, pode ser construtiva. Procurei encontrar aplicações desse modelo em vários campos. Poder-se-ia reconstruir essa linha de pensamento aproximando vários trechos dos meus trabalhos. Exprimi pela primeira vez essa idéia em 1957, numa conferência no Rio de Janeiro. Transformei-a em núcleo *The Strategy of Economic Development*, retomei-a no artigo sobre o desinvestimento na América Latina, depois ela retornou em *Shifting Involvements*, onde ocupa um papel central, e em certo sentido pode ser encontrada também em *Exit, Voice, and Loyalty*, como alternância entre esses dois momentos, entre "exit" e "voice". Os recentes acontecimentos alemães, dos quais falamos, mostram que "exit" e "voice" podem existir contemporaneamente. Porém, não estou de todo convencido de que, nos meus escritos sobre "exit" e "voice", exista um bom exemplo dessa idéia particular (que eu chamo *oscilação*).

A oscilação dos comportamentos sociais pode ser descrita como um movimento regular, como no caso do pêndulo, ou tem impulsos, saltos?

Eu a descreveria como um movimento muito irregular. Toda tendência excessiva em uma direção é compensada por uma contratendência. De qualquer forma, não é uma idéia muito clara e linear porque, naturalmente, existe o problema de qual é depois a oscilação otimal. Acredito que

A *moral secreta do economista*   79

é indefinível, e aqui surge a minha veia antiteórica (no sentido de McPherson), porque eu não quero estabelecer nenhuma lei. Não posso definir uma oscilação otimal, posso apenas registrar a contínua busca de uma oscilação otimal. A esse propósito, gosto de citar Blake, o qual sustenta que, para entender o que é "suficiente", é preciso primeiro saber o que é "demais"! Acredito que também no ativista deva existir a consciência da necessidade, ou quase, que todo movimento social se radicaliza em determinada direção, para depois retrair-se um pouco. Deve-se levar em conta que, em todo movimento, existe uma necessidade de exagero. Talvez se deva procurar detê-lo, mas não se deve opor totalmente à radicalização do movimento. Far-se-ia apenas o jogo dos reacionários. Quem quer a mudança deve levar em consideração e não dramatizar essa necessidade. No momento da proclamação dos princípios, deve-se exagerar. Somente em um momento posterior esses princípios serão limitados, atenuados, suavizados.

Também os conceitos de *"fracasomania"* e *"bias for hope"* estão ligados à idéia segundo a qual uma das mais importantes premissas da mudança é a clara percepção do que está efetivamente acontecendo. Expliquei isso num artigo em que exprimi o meu ponto de vista sobre os países em via de desenvolvimento, intitulado "A Dissenter's Confession" ["Uma confissão de dissidência"], centrado na busca de racionalidades escondidas. Queria que as pessoas soubessem que já estavam fazendo alguma coisa certa, que nem tudo estava errado e era para se jogar fora. O bom deve ser posto em evidência. *A Bias for Hope* retoma o tema da possibilidade de construir somente a partir da percepção de que alguma coisa vai bem. Também ali existe a tentativa de indicar vias de saída ao senso genera-

80   *Albert O. Hirschman*

lizado de fracasso – uma postura comum em muitos países, incluindo a Itália. A idéia surgiu, certamente, dos estudos sobre a *"policy making"* na América Latina, mas também da minha experiência italiana. Enquanto eu escrevia, ressoavam-me certas frases recorrentes, do tipo "pobre Itália!", que testemunham essa postura.

A idéia da *"fracasomania"* me veio da observação das realidades colombiana e brasileira. Na Colômbia, a primeira reforma agrária, promovida nos anos 30 pelo governo "new-dealista" de Alfonso López, tinha sido interpretada como um fracasso total, quando, ao contrário, os dados por mim coletados indicavam com clareza que tinha havido algumas mudanças positivas nas zonas rurais. No Brasil, tratava-se de tentativas feitas no Nordeste do país, uma área com uma situação, em alguns aspectos, similar à do sul [*mezzogiorno*] da Itália. As obras públicas realizadas para combater a seca produziram corrupção e grande desperdício de dinheiro. Parece que tudo tinha fracassado, que, de todos os esforços, não tinha ficado nada. E, todavia, olhando melhor, achei que algumas coisas tinham sido feitas, alguma coisa procedia. Assim, elaborei o conceito de *"fracasomania"* e, por antítese, a idéia de um *"bias for hope"*, de um prejuízo a favor da esperança, que acompanha a idéia de mudança.

"Fracasomania" é sinônimo de catastrofismo?

Não, não estão de todo superpostos. O catastrofismo é antes uma análise da realidade em termos de *aut-aut*, um raciocínio paradigmático do tipo "ou você realiza essa reforma ou haverá uma catástrofe" – uma postura que eu critiquei recentemente em um artigo.

"Fracasomania" é um termo aplicável ao que está acontecendo agora, por exemplo, nos países do Leste europeu?

O termo indica, mais do que qualquer outra coisa, o desconhecimento da bagagem de experiências herdadas do passado. É a convicção de que tudo o que foi feito se transformou em *fracasso*, em derrota. Nesse ponto, a única coisa que se pode fazer é importar coisas do exterior, posturas, valores, sem procurar aprender da própria experiência. Alguns desses temas emergiram da discussão sobre a teoria da dependência. Acho que falta a capacidade de aprender com a experiência do passado. Os jovens são mandados para estudar nas universidades norte-americanas e européias e, quando retornam, acreditam saber e conhecer tudo, sem ter aprendido nada da experiência dos velhos que sempre viveram na América Latina. Visto que o que sabem aprenderam em Harvard, Princeton, Munique ou Oxford, acham que conhecem tudo, que não têm nada a aprender com os velhos. A falta de intercâmbio entre as velhas e as novas gerações: eis uma outra forma de *"fracasomania"*. Em certo sentido, este é um aspecto da dependência. Usei, às vezes, a palavra *"fracasomania"* também em tom sarcástico, para definir a figura do consultor das reformas, que traz novas idéias e novas propostas sem observar a realidade e a experiência do país para o qual as reformas estão voltadas.

Como o senhor vê a relação entre mudança e progresso? É ainda possível usar a palavra progresso?

Usar um termo tão desacreditado, querem dizer? Bom, sendo eu, antes de tudo, um economista, considero que as

82   *Albert O. Hirschman*

performances econômicas sejam sempre mensuráveis, e olhando a coisa dessa perspectiva acredito que existe ainda um modo de falar de progresso. Ninguém pode negar, por exemplo, que a América Latina fez grandes progressos nos trintas anos sucessivos à Segunda Guerra Mundial, *"les trentes glorieuses"* ("os trinta gloriosos"). Mas isso foi dito e reconhecido somente nos anos 80, ou seja, em uma fase de estagnação da economia (sobre isso, escrevi um artigo publicado recentemente na *Latin American Research Review*). Os intelectuais latino-americanos mais progressistas nunca quiseram admitir, naqueles trinta anos, que seus países estavam atravessando um período de ascensão. Depois, quando finalmente o reconheceram, era para poder dizer: "agora, as coisas vão terrivelmente mal". E isso acontece com freqüência também na Europa. Quando foi cunhada (por Fourastié) a expressão *"les trentes glorieuses"*? Quando aqueles anos tinham terminado! Precisamente agora estou escrevendo um artigo sobre as relações entre progresso econômico e progresso político para o próximo congresso da Associação dos Economistas Americanos. Foi Amartya Sen quem me pediu. Este ano ele preside a associação e organizou uma sessão sobre o problema da relação entre democracia e desenvolvimento econômico. A respeito da possibilidade de uma conexão sistemática entre crescimento econômico e democracia, sou muito cético. Estou procurando pôr em evidência a existência de áreas sociais nas quais houve progresso, mas sem ligação com o progresso econômico. Quero dar um exemplo. Quando as pessoas aprendem alguma coisa sobre saúde, por exemplo, sobre princípios básicos de higiene que reduzem a taxa de mortalidade infantil, considero isso um progresso; o mesmo em relação ao aumento

A *moral secreta do economista* 83

da alfabetização. Suponhamos que o progresso econômico, medido sobre a renda *per capita*, sofra, ao contrário, uma parada, ou até mesmo diminua, como ocorreu em uma década difícil como os anos 80. Permanece o fato de que os outros fatores, os assim chamados indicadores sociais, não entraram em crise. A mortalidade infantil continua a diminuir, a alfabetização a crescer, o controle da natalidade continua a melhorar. Portanto, verifica-se uma discrasia entre progresso social e crescimento econômico. Determinado progresso social não depende tanto da renda *per capita*. As mães aprendem a ferver a água e a mandar os filhos à escola, em vez de mantê-los em casa. Essas pequenas coisas fazem que os indicadores sociais possam melhorar, enquanto talvez piorem os indicadores econômicos. Chamo esse esquema, que apresentarei na minha comunicação ao Congresso dos Economistas, fora de qualquer modelo matemático, de *"on-and off-connection"*.

Outro caráter original e persistente da sua reflexão parece ser a "confiança na dúvida", o que poderia ser definido como uma profissão de fé propriamente dita em relação à dúvida.

Com efeito, essa é uma coisa muito importante. Pensei nisso quando escrevi a aula inaugural para a Universidade de Turim. Queria escrever alguma coisa sobre aquilo que tinha aprendido com Eugenio Colorni. E essa é uma das coisas que eu mais apreciava nele, a sua pesquisa e a sua dúvida sistemática... Como a sua mente engenhosa passava de uma idéia a outra, assim ia, em paralelo, de uma dúvida a outra. As duas coisas aconteciam não propriamente ao mesmo tempo, mas de maneira estritamente vinculada. Cada nova intuição era acompanhada de uma nova dúvida. No meu texto sobre a auto-subversão, repenso uma série de casos em que exprimi idéias das quais, no momento, tinha ficado muito orgulhoso, idéias que tinha apresentado com grande estardalhaço. Com o tempo, quando retornei a essas idéias, vi que em cada uma existiam aspectos que não tinha notado ou em que não havia pensado suficientemente... Em geral, isso não quer dizer que, chegado a certo ponto, convenço-me de ter errado totalmente na minha análise. É apenas uma descoberta de novos aspectos da realidade, de modo que a validade da análise é ampliada ou restringida. Para mim, é uma atividade muito agradável e interessante. Portanto, eu diria que a dúvida e a idéia são indissociáveis.

Esse seu conceito de auto-subversão está ligado de algum modo ao de "trespassing"?

Não, não diria, mesmo se ambos estão ligados ao meu gosto de reabilitar palavras que assumiram um significado negativo. É o que fiz com a expressão *"bias for hope"*. *"Bias"*, em inglês, tem uma conotação negativa, significa preconceito, ao passo que eu a usei com uma acepção positiva. Também *"trespassing"* é utilizada freqüentemente em sentido negativo no nosso país, por exemplo, naquelas placas públicas em que se vê escrito *"No trespassing!"*, indicando uma violação da propriedade privada. Mas, segundo a minha perspectiva, essa expressão assume uma valência positiva: quer dizer ultrapassar as fronteiras disciplinares, passar de uma disciplina a outra sem rigidez (os autores do *Festschrift* retomaram essa idéia, chamando-a de "arte da invasão"). A última inversão de significado eu fiz com o termo *"subversion"*, que normalmente é utilizado com acepção negativa. A subversão? Uma coisa terrível!

A idéia de "trespassing" veio-lhe de todo modo pensando na ciência econômica...

Sim, quando pela primeira vez falei disso no meu livro *National Power and the Structure of Foreign Trade* ou em *The Strategy of Economic Development*, sentia a necessidade de ampliar, em vez de restringir, os termos do problema e de me abrir a outros temas. Era minha intenção fazer uma análise dirigida através da estrutura teórica tradicional, mas parecia-me que o tema exigia um tratamento mais amplo, considerações não circunscritas ao ambiente econômico.

Há alguma palavra-chave ou reflexão que lhe parece importante acrescentar àquelas discutidas até aqui?

Bem, recentemente, dei uma conferência em Harvard e aqui em Princeton com o título "O conflito social como pilar da democracia", em que procurei fazer algumas considerações sobre que tipos de conflito devem ser considerados construtivos para a solidez da ordem social e quais, ao contrário, são destrutivos. Muitos estudiosos, de Simmel em diante, enfrentaram o tema da função positiva do conflito social. Crozier escreveu um livro sobre a contribuição positiva que a crise e o conflito trazem para a reforma da organização social. Também Marcel Gaucher, em um artigo, fala da contribuição do conflito social para reforçar a democracia, de como as pessoas, desse modo, aprendem a discutir a fundo as coisas. Escreve isso de uma maneira muito bonita. Eu mesmo falei a respeito no passado em *The Strategy of Economic Development*, na medida em que exaltei aquilo que chamo de crescimento não-equilibrado. Parece-me, porém, que a questão importante sobre a qual se deva refletir seja esta: que tipo de desequilíbrio é construtivo e qual, ao contrário, é destrutivo? É uma daquelas questões para as quais é difícil dar uma resposta precisa, mas acho que vale a pena começar a pensar e delinear diferenças entre os diversos tipos de conflito social. Considero que o meu trabalho sobre o desenvolvimento econômico, em certo sentido, me tenha permitido dizer alguma coisa sobre esse tema, que na realidade nunca foi encarado de modo direto, talvez por boas razões. Ao falar disso, de fato, é fácil dizer bobagens. Os comunistas, por exemplo, no passado, pensaram liquidar o problema por meio da surpreendente distinção entre contradições antagônicas e contradições não-antagônicas. Com essa fórmula, pensavam ter resolvido o problema. Como se sabe, é típico da tradição marxista falar de cada problema em termos de contradições. Também os economistas russos, nos anos 50, deram crédito a essa tese, transformando toda dificuldade em "contradição". Mas, visto que nos países capitalistas as "contradições" indicam a vontade de derrubada do sistema, o que dizer das contradições que se apresentam lá onde a revolução já ocorreu? Devia ser feita uma distinção... Ela foi depois retomada e reelaborada por Mao, e assim os chineses desenvolveram a teoria da diferença entre contradições antagônicas e não-antagônicas. O problema foi que os países que tinham sido definidos pelas "contradições não-antagônicas" (os da órbita soviética) tiveram uma queda, ao passo que os países das "contradições antagônicas" conseguirão de algum modo resistir! Esse é um exemplo interessante e também uma boa advertência... Vem-me à mente uma bela expressão inglesa: *"the wisdom of hindsight"*, o juízo tardio. Invertendo a expressão, temos: *"the folly of foresight"*, a loucura do antes, muito bela porque indica o inesperado. Isso acompanha bem minha recusa de qualquer pretensão de predizer como as coisas acontecerão, pretensão que considero simplesmente louca. Porém, apesar da loucura, é preciso tentar. Não nos demos bem com as contradições antagônicas e não-antagônicas, certamente, mas talvez possamos fazer melhor.

Isso me sugere outra palavra-chave, o *jogo de palavras*. Gosto muito de brincar com as palavras e inventar novas expressões. Penso que nas palavras existe muito mais sabedoria do que acreditamos. E muitas vezes, nas palavras de um texto literário ou de uma poesia, acontece-me de encontrar a confirmação de uma intuição. Assim foi, por exemplo, com a expressão de um dos meus antagonistas destes últimos anos, a "lógica da ação coletiva", de Mancur Olson, que procura demonstrar a não-logicidade da ação coletiva, ou seja, a quase impossibilidade de que ela se verifique. Em certo momento, repensando nos três direitos fundamentais catalogados na Carta dos Direitos americana – o direito à vida, à liberdade e à busca da felicidade –, percebi como, além da busca da felicidade (*pursuit of happiness*), é também importante a felicidade da busca (*happiness of pursuit*), que é precisamente a felicidade de tomar parte da ação coletiva. Essa minha expressão não se tornou absolutamente conhecida, mas fiquei feliz quando encontrei aquele jogo de palavras. Outro exemplo: no artigo sobre como desinvestir na América Latina, falei do papel do capital estrangeiro, que é normalmente considerado muito potente, se não até mesmo esmagador. Mas, olhando para alguns países, percebe-se que, às vezes, a situação é muito diferente, e não por isso melhor, quando existe uma classe capitalista industrial local que toma parte na vida política do país, intromete-se em tudo e insiste na realização de certas políticas que são funcionais aos seus interesses. O investidor estrangeiro, ao contrário, não é e nunca se sentirá parte dessa vida política e dos grupos dirigentes, não quer se imiscuir na política interna e fiscal, permanece um marginalizado. Alguns são estrangeiros; outros, imigrantes. Então, jogando com as palavras, eu disse que o fato problemático não é tanto que esses capitalistas estrangeiros são *meddlesome* (intrometidos), mas, antes, que são *mousy* demais (tímidos como ratinhos). O quanto para mim a linguagem é importante e inspiradora é testemunhado também pelo meu conjunto de citações de Montaigne, Pascal, Flaubert, que fui anotando no decorrer dos anos. Dei-o de presente à minha filha Lisa, no dia da obtenção do seu diploma de 2° grau, sem parar de acrescentar novas citações à lista.

Lembro-me, em particular, de uma maravilhosa frase de *Liaisons dangeureuses* [*Ligações perigosas*] pronunciada pela Marquesa de Merteuil: "*On acquiert rarement les qualités dont on peut se passer*" ("Raramente adquirimos as qualidades das quais podemos nos privar"), que eu utilizei no artigo "Obstacles to Development". Já, no meu ensaio sobre a relação entre moralidade e ciências sociais, inspirei-me em uma belíssima frase de Hölderlin: "*Hast du Verstand und ein Herz, so zeige nur eines von beiden, Beides verdammen sie dir, zeigest du beides zugleich*" ("Se tiveres capacidade de compreender e coração, mostra apenas um deles; se os mostrares juntos, ambos te prejudicarão"). Na base desse artigo existe a idéia de uma tensão inevitável entre moralidade e saber social. Algumas dessas expressões poéticas são como escoras sobre as quais me apóio para o meu trabalho e que me auxiliam muito. Talvez essa também seja uma das minhas tentativas de "*trespassing*", desta vez das ciências sociais à literatura. Em um recente artigo sobre o conflito social, cito outra frase maravilhosa, muito famosa, de Hölderlin: *"Wo aber Gefahr ist, wächst das Rettende auch"* ("Onde existe perigo, cresce a esperança"). Nos termos do problema do conflito e da positividade da sua função social, Hölderlin parece quase sugerir que, quanto maior é o risco, maiores são as esperanças de se salvar, o que nem sempre é verdade. É um belo pensamento, talvez com uma certa dose de loucura, fato significativo no caso de Hölderlin. De qualquer forma, é interessante introduzir a poesia no interior desse discurso. Quando me acontece de encontrar uma expressão como a "felicidade da busca", em vez de a "busca da felicidade", ou a "loucura do antes" em vez de "razão do depois", sinto ter o direito de lançar-me além e ir a fundo nesse pensamento; ou seja, acredito ter capturado alguma coisa de real. Em certo momento, cultivei também um interesse pelos palíndromos, aquelas palavras que podem ser lidas ao contrário, permanecendo as mesmas. Inventei alguns, fiz uma coletânea em várias línguas que dei de presente à outra filha, Katia, intitulada *Senile Lines* [*Linhas senis*] e assinada por "Dr Awkward". Um dos palíndromos dos quais mais me orgulhei, porque acho que não tinha sido encontrado por nenhum outro, é "Miasma is Siam's aim" (o que é falso: o Siam está indo muito bem; mas, de qualquer forma, é um bom palíndromo). Jogar com essas palavras é certamente um agradável passatempo, mas é também verdade que, quando faço essas descobertas, sinto um impulso para me aventurar, penso que o conceito merece ser explorado mais a fundo. Quando encontro uma contraposição entre as palavras *"meddlesome"* e *"mousy"*, é como se tivesse achado alguma coisa de real, uma daquelas confirmações das quais, na solidão do escrever, se tem sempre necessidade.

90   *Albert O. Hirschman*

Pode parecer estranho, mas todas essas minhas invenções lingüísticas, assim como as citações das poesias, são para mim instrumentos de suporte, fazem-me sentir mais seguro, mais forte na perseguição de um pensamento.

Toda a sua prática de cientista social está orientada para a idéia de usar a razão para descobrir as coisas que estão mais escondidas. Mas para isso é preciso ter muita fantasia, não se pode parar em uma descrição irrelevante da realidade. Que relação existe entre esse exercício de fantasia e criatividade e a possibilidade de descrever em termos científicos o que se elaborou?

Eu acredito que é preciso acolher em si mesmo um pouco de oscilação! Em outras palavras, há em nós momentos de entusiasmo poético por aquilo que fazemos e momentos de reordenação e catalogação racional. Acontece-me com freqüência reescrever completamente um texto ou uma parte dele. Às vezes, vive-se a sensação de estar às voltas com um problema que ainda não se está em condições de resolver. Não é fácil falar dessas atividades, mas penso ter descoberto que certo grau de segurança e de prazer no trabalho, eu os experimento quando uno o meu pensamento à invenção lingüística e àquele dos grandes pensadores. E essa conjunção é um acontecimento extraordinário, às vezes muito importante, que me dá confiança e força para ir em frente.

Não parece que o senhor dá muito ouvidos à indicação de Hölderlin de mostrar capacidade de compreensão e coração, um de cada vez. Na sua análise, estão sempre conjugados...

É verdade. Em um dos meus artigos, a certa altura, digo que aquilo que desejo aos meus netos é dispor de uma ciência social na qual compreensão e coração não estejam dissociados de modo nítido, isto é, que não sejam tão fiéis à máxima de Hölderlin. Espero que possa haver um encontro entre as duas coisas.

Uma vez, o senhor também sustentou que, se um dia tivéssemos que assistir ao sucesso total das ciências sociais, deveríamos nos preparar para assistir ao fracasso total do ser humano...

Sim, essa idéia me veio no fim da conversa com Richard Swedberg. Já havia dito alguma coisa do gênero, talvez usando um tom mais ameno, no prefácio de *A Bias for Hope*. Se tivéssemos a capacidade de prever o futuro, ou se nos encontrássemos diante de uma lei sociológica totalmente aplicável, seríamos os primeiros a ficar descontentes. Penso que é importante apresentar as situações de um modo polarizado, talvez extremando as oposições, mas estou convencido de que é igualmente importante abrir-se a elementos de conhecimento e de observação que mitiguem essas oposições. Em outras palavras, acredito que minha tentativa é combinar o desejo de teorização e também o gosto da teoria, de um lado, com o mal-estar para com a teorização levada ao excesso, de outro. E esse é o motivo pelo qual, normalmente, na primeira parte dos meus textos, introduzo um esquema, ao passo que, na segunda parte, submeto-o a críticas, a restrições. Talvez o melhor exemplo dessa minha tendência seja dado por um artigo que escrevi nos anos 70, sobre a tolerância das desigualdades no processo de desenvolvimento econômico. Ali introduzi o conceito de "efeito túnel", uma invenção teórica que teve uma repercussão notável (quando se inventa alguma coisa no plano teórico, nota-se que a reação mais comum entre as pessoas é: "Por que não tinha pensado nisso antes?").

O "efeito túnel" é aquele segundo o qual, quando alguém está melhorando sua posição econômica com relação à minha, eu, em vez de sentir inveja, percebo essa situação como um sinal positivo, que me faz pressupor que também a minha condição possa melhorar: "Se aconteceu com ele, então pode acontecer também comigo". E assim eu me sinto melhor, porque espero sentir-me melhor. Este, percebo, é um ponto de vista muito otimista, que exige ser circunscrito. Então, na segunda parte daquele artigo, eu destacava o fato de que o "efeito túnel" pode se produzir somente em algumas situações. Quando existem divisões étnicas e, digamos, um grupo consegue melhorias na própria condição, e os outros não, então o efeito túnel não será forte. Na segunda parte, em outras palavras, restringia as margens de validade da área em que é possível aplicar o meu esquema. Portanto, poderia dizer que inicio com um "ataque" forte para depois indicar imediatamente problemas e limitações à aplicação da teoria. Esse é o procedimento "móvel" que sigo no meu modo de fazer teoria. Fiz isso também com o esquema "exit/voice", mas não suficientemente. Em seguida, encontrei situações em que "exit" e "voice" agem não em contraposição, mas em conjunção. É um bom exemplo do argumento "contra a parcimônia", ou mais precisamente a favor de um pouco de parcimônia, de um lado, e de um pouco de complexidade, de outro. As duas coisas, porém, não podem se exprimir simultaneamente, porque não se poderia construir uma teoria se alguém não tivesse – na fase inicial da análise – viseiras para restringir o campo da especulação. Essa observação nos remete àquela palavra-chave da qual falamos antes, a oscilação.

Na nossa conversa falamos muito dos seus mestres, mas pouco dos seus inimigos. Quem são? Quais foram, no decorrer da sua experiência e da sua prática científica, as idéias e as pessoas contra as quais sentiu ter de lutar mais?

Sim, é verdade, muitas vezes, talvez inconscientemente, escreve-se contra alguém. Eu já mencionei Mancur Olson, com o seu célebre livro *A lógica da ação coletiva*, que se baseia na idéia de que o ator racional é um "*free rider*", um passageiro parasita, ou alguém que se furta da ação coletiva contando com o fato de que outros a farão em seu lugar, e assim acontece em cadeia, de modo que a *ação coletiva* ocorre muito raramente. Eu, ao contrário, passei muitos anos procurando explicar ao leitor e, em particular, aos economistas que, contrariamente a esse esquema, a ação coletiva *ocorre*, e que as pessoas participam dela. E, enfim, encontrei uma formulação que incluí naquele artigo contra a parcimônia. Ainda uma vez, a referência foi uma frase, um trecho de Pascal: "*l'espérance que les Chrétiens ont de posséder un bien infini est mêlée de* jouissance effective ... *car ce n'est pas comme ceux qui espéreraient un royaume dont ils n'auraient rien, étant sujets; mais ils espèrent la sainteté, l'exemption d'injustice et* ils en ont quelque chose" ("A esperança que os cristãos têm de possuir um bem infinito é mesclada de *efetivo gozo* ... pois não é como aqueles que esperariam um reino do qual nada obtivessem, sendo sujeitos; mas eles esperam a santidade, a isenção de injustiça e *eles têm algo disso*").

Inimigos, eu tive vários, especialmente durante os anos do meu trabalho sobre as questões do desenvolvi-

94 Albert O. Hirschman

mento. Inicialmente, como relatei no artigo "A Dissenter's Confession", estava inserido em um grupo de novos teóricos do desenvolvimento econômico, no qual fazia um pouco o papel de dissidente. Todavia, consideravam-me parte do grupo. Algumas coisas nos uniam, como uma certa crítica e aplicação automática da economia ortodoxa aos problemas do desenvolvimento, segundo a qual basta simplesmente deixar que as coisas sigam em frente e tudo acabará bem. Existiam algumas características comuns a esse grupo, agora chamado de *"high development theorists"*. Em um artigo interessante, um jovem economista do MIT escreveu que pessoas como Arthur Lewis, Rosenstein-Rodan, Myrdal e Hirschman deviam ser reavaliadas pela sua contribuição inovadora, e nos representou como um grupo que, exatamente, nos anos 50, tinha escrito coisas novas, não-ortodoxas.

Todos nós, aqueles de nós ainda vivos, contribuímos com artigos para o primeiro volume do livro *Pioneers of Development* [*Pioneiros do desenvolvimento*], publicado pelo Banco Mundial. E é verdade que tínhamos alguma coisa em comum, enquanto todos reconhecíamos que os países em via de desenvolvimento, pelas suas características estruturais, eram diferentes dos países ocidentais – europeus e norte-americanos –, já industrializados. E, portanto, invocávamos para eles políticas diferentes. Mas, quando escrevi *The Strategy of Economic Development*, meus inimigos eram precisamente esses aos quais meu nome está ligado agora. Tinha escrito contra a teoria do crescimento equilibrado proposta por Rosenstein-Rodan e Nurkse e, dentro de certos limites, por Prebisch. Sempre se tem um inimigo íntimo, e esses eram os meus inimigos íntimos. Há todo um capítulo, muito sarcástico, sobre a teoria do crescimento equilibrado. O capítulo se chama "Balanced Growth: a Critique" ["Crescimento equilibrado: uma crítica"], e o subseqüente, "Unbalanced Growth: an Espousal" ["Crescimento equilibrado: uma adesão"]. Na época em que escrevi *Exit, Voice and Loyalty*, dirigia-me em geral contra aqueles que tinham falado da concorrência como solução para todo problema, ou seja, contra a típica concepção ortodoxa que vê na concorrência o caminho para otimizar o equilíbrio econômico.

Segundo essa visão, no regime de concorrência perfeita, a defecção, ou seja, a passagem à oferta concorrencial, constitui o corretor ideal. Meu argumento era, ao contrário, que é importante tanto a defecção quanto o protesto, e a própria manifestação deste último indica que a concorrência não é perfeita.

Também no meu primeiro livro, *National Power and the Structure of Foreign Trade*, o inimigo era uma certa ortodoxia. No que diz respeito ao meu último livro, *The Rhetoric of Reaction*, não é difícil entender quem é o meu inimigo... Talvez outros livros tenham "inimigos" mais difíceis de identificar. Nunca tinha pensado na questão que vocês me puseram, olhando para um livro depois do outro.

Talvez o seu maior inimigo seja exatamente a ortodoxia...

Certamente, a ortodoxia, mesmo se considero ter sempre procurado esforçar-me (e nesse sentido sinto-me diferente também de Galbraith ou de outros economistas não-ortodoxos) para manter o contato com os "ortodoxos", para procurar convencer as pessoas do campo contrário das outras opções possíveis, por meio de argumentos que lhes fossem familiares. Mas é verdade: o inimigo principal é exatamente a ortodoxia. Repetir sempre a mesma receita, a mesma terapia, para curar tipos diferentes de doença; não admitir a complexidade, querer reduzi-la a todo custo; ao passo que as coisas reais são sempre um pouco mais complexas.

Ao contrário, *The Passions and the Interests*, que foi para mim um livro muito importante, é verdadeiramente o fruto de uma criação livre, não o escrevi contra ninguém. Acredito que representou para mim uma verdadeira, livre descoberta das conexões entre algumas idéias. A redação desse livro me deu um prazer prolongado: escrever e sentir-se assim livre para descobrir coisas sem ter de provar que alguém erra. Um caso muito singular.

4 Bibliografia[1]

1938

"Note su due recenti tavole di nuzialità della popolazione italiana". *Giornale degli Economisti*, janeiro.

1939

Le contrôle des changes en Italie, relatório apresentado à XII Sessão da "Conférence Permanente des Hautes Études Internationales", Société des Nations, Paris, junho.

1945

National Power and the Structure of Foreign Trade. Berkeley: University of California Press.

1948

"Inflation and Deflation in Italy". *American Economic Rewiew*, v.38, n.4, setembro.

1958

The Strategy of Economic Development. New Haven (Conn.): Yale University Press.

---

1 Compreende as obras de Hirschman citadas neste volume.

1961

"Second Thoughts on the 'Alliance for Progress'". *The Reporter*, 25 de maio; incluído in Hirschman, 1971.

1963

Journey Towards Progress: Studies in Economic Policy-Making in Latin America. New York: Twentieh Century Fund.

1965

"Obstacles to Development: A Classification and a Quasi-Vanishing Act". *Economic Development and Cultural Change*, 13, julho.

1968

"Underdevelopment, Obstacles to the Perception of Change and Leadership". *Daedalus*, v.97, n.3, verão; incluído in Hirschman, 1971.

1969

"How to Divest in Latin America, and Why". *Princeton Essays in International Finance*, novembro; incluído in Hirschman, 1971.

1970

Exit, Voice, and Loyalty: Responses to Decline in Firms, Organisations and States, Cambridge (Mass): Harvard University Press.

1971

A Bias for Hope: Essays on Development and Latin America. New Haven (Conn.): Yale University Press.

1977

The Passions and the Interests: Political Arguments for Capitalism before its Triumph. Princeton: Princeton University Press.

1982

Shifting Involvements: Private Interests and Public Action. Princeton: Princeton University Press.

1983

Ascesa e declino dell'economia dello sviluppo. Org. por A. Ginzburg. Torino: Rosenberg & Sellier.

1984

"A Dissenter's Confession: Revisiting 'The Strategy of Economic Development'". In: Meier, G., Seers, D. (Org.) *Pioneers of Development*. New York: Oxford University Press.

1986

Rival Views of Market Society and Other Recent Essays. New York:Viking.

"Interest". In: Hirschman, 1986.

1987a

Potenza nazionale e commercio estero. Gli anni trenta, l'Italia e la ricostruzione. Org. P. F. Asso e M. de Cecco. Bologna: Il Mulino.

1987b

L'economia politica come scienza morale e sociale. Org. L. Meldolesi. Napoli: Liguori.

1987c

Io, detective dell'economia fascista, discurso na cerimônia de doutoramento *honoris causa* em Ciências Políticas, conferido em 12 de novembro pela Universidade de Turim. In: Hirschman, 1990.

1990

Tre continenti. Economia politica e sviluppo della democrazia in Europa, Stati Uniti e America Latina. Org. L. Meldolesi. Torino: Einaudi.

1991

The Rhetoric of Reaction. Perversity, Futility, Jeopardy. Cambridge (Mass.): Harvard University Press.

1993

"Retorica reazionaria, retorica progressista". *Il Mulino*, setembro-outubro.

SOBRE O LIVRO

Formato: 14 x 21 cm
Mancha: 23 x 42 paicas
Tipologia: Times 12/15
Papel: Offset 75 g/m² (miolo)
Cartão Supremo 250 g/m² (capa)
1ª edição: 2000

EQUIPE DE REALIZAÇÃO

Produção Gráfica
Edson Francisco dos Santos (Assistente)

Edição de Texto
Nelson Luís Barbosa (Assistente Editorial)
Ingrid Basílio (Preparação de Original)
Ana Paula Castellani e
Luicy Caetano de Oliveira (Revisão)

Editoração Eletrônica
Lourdes Guacira da Silva Simonelli (Supervisão)
Duclera Gerola Pires de Almeida e
José Vicente Pimenta (Diagramação)

Impresso nas oficinas da
Gráfica Palas Athena